reihe gottesdienst · heft 10

reihe gottesdienst

10

Im Auftrag der Lutherischen Liturgischen Konferenz
herausgegeben von
Herwarth von Schade und Frieder Schulz

Gottesdienst als Gestaltungsaufgabe

Praktische Anregungen zur Gestaltung des Gottesdienstes
aufgrund der Denkschrift
„Versammelte Gemeinde" (Strukturpapier)

LVH

1979
LUTHERISCHES VERLAGSHAUS
HAMBURG

1. Auflage 1979

Einbandgestaltung: Werner Friedrichs, Hamburg
Herstellung: Himmelheber
ISBN 3 7859 0441 1
Best.-Nr.: 33210-0

INHALTSVERZEICHNIS

VORWORT

Die von der Lutherischen Liturgischen Konferenz im Jahre 1974 veröffentlichte Denkschrift „Versammelte Gemeinde“ (Strukturpapier) ist weithin zustimmend aufgenommen und als Hilfe zur Überwindung der Polarisierung zwischen konservativer und progressiver Liturgik gewertet worden. Eine Zusammenstellung der kirchenamtlichen und literarischen Äußerungen und Belege für die Auswirkungen des Strukturpapiers findet sich in der Zeitschrift „Wissenschaft und Praxis in Kirche und Gesellschaft“ 64. Jg. (1975), Seite 458.

Daß der ganze Gottesdienst, nicht nur die Predigt, eine immer neu zu bewältigende Gestaltungsaufgabe ist, wenn man den Anregungen des Strukturpapiers zur Gewinnung einer „lebendigen Liturgie“ folgt, hat vielfach das Bedürfnis nach „Liturgiehilfen“ in Analogie zu den Predigthilfen geweckt.

Dieses Bedürfnis versuchen die zahlreichen gedruckten Texte und „Modelle“, die auf dem Markt sind, dadurch zu befriedigen, daß vorformulierte „moderne“ Texte und „Liturgie-Programme“ zur Rezitation und zum „Nachspielen“ angeboten werden.

Im Gegensatz dazu möchte die vorliegende Veröffentlichung die Freude und Fähigkeit mündiger und kundiger Liturgen entwickeln, an ihrem Ort den vertrauten Gemeindegottesdienst mit den vorhandenen Gaben und Kräften und unter Berücksichtigung der pastoralen Situation jeweils angemessen zu gestalten. Deshalb werden als Hilfen zur Anwendung des Strukturpapiers kommentierte Gottesdienstbeispiele dargeboten, die eine Übertragung von Erfahrungen auf neue und andere Gemeindesituationen ermöglichen. Die beigegebenen allgemeinen Hinweise sind vor allem für Gottesdienstvorbereitungskreise und Gemeindeseminare gedacht.

Darüber hinaus wird es freilich notwendig sein, die Gottesdienstgestaltung mehr als bisher bei der Aus- und Fortbildung von Theologen und Gemeindegliedern praktisch einzuüben. Druckschriften und theoretische Abhandlungen können diese Einübung nur begleiten, aber nicht ersetzen.

Für den Strukturausschuß
Dieter Vismann
Oberlandeskirchenrat

Für die Lutherische Liturgische Konferenz
Dr. Joachim Heubach
Landessuperintendent

I DENKSCHRIFT „VERSAMMELTE GEMEINDE“

EINFÜHRUNG

1. Die Agendenrevision der Gegenwart sieht sich im wesentlichen zwei Fronten gegenüber. Auf der einen Seite wird die unelastische Starrheit des Gottesdienstes nach der Agende kritisiert, der den Fragen und Bedürfnissen des Menschen der Gegenwart im Panzer einer hochstilisierten Liturgie gegenübertrete. Auf der anderen Seite wird gegenüber einer willkürlichen Auflösung der gottesdienstlichen Ordnung auf eine verbindliche und wiederholbare Gestalt gedrungen, die das Evangelium vor der Entleerung bewahrt, der Gemeinde die Möglichkeit bietet, sich im Gottesdienst heimisch zu fühlen, und die sie vor der Willkür des Liturgen oder einer Gruppe schützt.

2. Es zeigt sich nun, daß die Kritik an der Starrheit des Gottesdienstes eigentlich nicht so sehr die Agende, sondern ihren Gebrauch betrifft. Denn die Agenden bieten eine ganze Reihe liturgischer „Spielformen“ und Variationsmöglichkeiten. Von einer starr ablaufenden „unmenschlichen“ Einheitsliturgie kann nicht die Rede sein, wie aus den Synopsen der in der EKD geltenden Ordnungen hervorgeht (siehe S. 56 ff.). Das von der LLK erarbeitete und vorgelegte Strukturpapier hat daraufhin in einer Übersicht die möglichen Ausformungsvarianten im Ablauf der Liturgie zusammengestellt, um so zu zeigen, daß die Gottesdienstordnung kein starres Ritual, sondern eine sinnvoll begrenzte Zahl von reicheren und schlichteren Gestaltungsmöglichkeiten anbietet. Freilich wird dabei deutlich: Der Gottesdienst ist eine immer neu zu bewältigende Gestaltungsaufgabe, nicht ein mechanisch ablaufendes Programm.

3. Auf der anderen Seite kann auf eine gleichbleibende und Vertrautheit schaffende Strukturierung des gottesdienstlichen Geschehens um der Gemeinde willen schwerlich verzichtet werden, zumal darin auch die Bindung an das biblische Zeugnis zum Ausdruck kommt und festgehalten wird. Die verschiedenen Ausformungsmöglichkeiten müssen daher in eine gemeinsame Grundstruktur eingebunden bleiben, die sowohl die geschichtliche Kontinuität wie die Identität des christlichen Gottesdienstes in all seinen Ausformungsvarianten sichert. Das von der LLK erarbeitete und vorgelegte Strukturpapier hat deshalb die Aufgabe, diese Grundstruktur sichtbar und bewußt zu machen, die der Vielfalt gottesdienstlicher Gestaltungsmöglichkeiten Halt und inhaltliches Richtmaß gibt.

4. Die im Strukturpapier der LLK niedergelegte zweipolige Konzeption „Grundstruktur und Ausformungsvarianten“ dürfte geeignet sein, den Forderungen derer, die von der Erstarrung der Liturgie, wie derer, die von der Ent-

leerung und Auflösung der Liturgie sprechen, Rechnung zu tragen. Die Ausformungsvarianten erweisen die Schmiegsamkeit der Liturgie, während die feste Grundstruktur Ursprungsbindung, Kontinuität und Identität des christlichen Gottesdienstes bewußtmacht. Insofern hat das Strukturpapier die Funktion, wesentliche Aspekte der gottesdienstlichen Gestaltung, wie sie schon in den bisherigen Agenden aufscheinen, gegenüber den kritischen Stimmen der Gegenwart deutlicher und einsichtiger zu machen. Das Strukturpapier versteht sich demgemäß nicht als Formular, sondern als Verständnishilfe und Ausgangspunkt für die daraus entwickelten Anwendungsmöglichkeiten und Gestaltungen.

5. Eine Agendenrevision kann nicht übersehen, daß in den Gemeinden der Gottesdienst nach gewohnten und eingeübten Ordnungen verläuft, d. h. nach den jeweils eingeführten Agenden. Das von der LLK erarbeitete und vorgelegte Strukturpapier trägt diesem Umstand dadurch Rechnung, daß die von den Agenden angebotenen liturgischen Ordnungen als erprobte und wiederholbare Beispiele von Ausformungsvarianten der gemeinsamen Grundstruktur ihr Recht und ihren Platz behalten. Was in lebendiger Übung steht, muß von einer Agendenrevision respektiert werden, zumal wenn es sich in der theologisch und liturgisch verantworteten Gestalt der Agende vollzieht. Das Strukturpapier hat in diesem Fall seine Bedeutung als Erschließungshilfe der gottesdienstlichen Ordnung, in der die Gemeinde lebt.

6. Auf der anderen Seite darf die Agendenrevision die kritischen Stimmen der Gegenwart nicht überhören. Insbesondere entsteht durch das Schwinden des regelmäßigen Gottesdienstbesuches die Aufgabe, nicht mehr so vertraute Lapidarformen der Liturgie durch Transformation und Hinführung zu erschließen. Auch der Übergang vom Alltag zum sonntäglichen Gottesdienst und umgekehrt verdient in der Gegenwart erhöhte Aufmerksamkeit. Die Rücksicht auf die Aufnahmefähigkeit oder Bibelfremdheit der Gottesdienstteilnehmer kann dazu nötigen, den Gottesdienst zu elementarisieren oder besonders zu akzentuieren. Diese Modifikationen dienen der Schmiegsamkeit der gemeinsamen Liturgie und bleiben durchweg im Rahmen der alle Ausformungen verbindenden Grundstruktur. Als notwendige Konsequenz dieser pastoral begründeten Ausweitung der Gestaltung werden nach der Konzeption des Strukturpapiers der LLK künftig, über die rezipierten Liturgien der Agende hinaus, strukturgerechte und sinngemäße Ausformungsvarianten ermöglicht, für die auf S. 18 ff. und 48 ff. verschiedene Beispiele gezeigt werden. Die Einbindung dieser aus gegebenem Anlaß gestalteten Ausformungsvarianten in die Grundstruktur hält auch diese Abweichungen von der Agende in einem gemeinsamen Rahmen. Das Bestehen auf einer einzigen Ausformung als Einheitsliturgie wäre in der gegenwärtigen Situation nicht zu verantworten.

7. Auch die Bemühungen um Gottesdienste in neuer Gestalt können bei der Agendenrevision nicht außer acht gelassen werden. Man hat das Übergreifen neuartiger und noch nicht ausreichend bewährter „moderner“ Gestaltungsformen auf den agendarisch geregelten Gottesdienst meist dadurch zu verhindern gesucht, daß man in einem besonderen Bereich „Spielräume“ für Experimente eröffnet hat. Dadurch wurde aber eine ungute Polarisation zwischen „Progressiven“ und „Konservativen“ gefördert, während es doch bei „alten“ und „neuen“ Gottesdiensten um die gleiche, vom Evangelium bestimmte Versammlung der Gemeinde geht. Auch zu diesem Problem liefert das Strukturpapier der LLK einen zusammenführenden Beitrag. Statt eine geschichtlich gewachsene Ausformung der Liturgie normativ und exklusiv zu setzen und dadurch alle Abweichungen in die Illegalität einer liturgischen Subkultur zu drängen, wird nur die Grundstruktur als Ausdruck der Gemeinsamkeit verbindlich gemacht. Dadurch wird es möglich, auch völlig offene, sich neuer Ausdrucksformen bedienende Gestaltungsvarianten, die der Spontaneität und Phantasie weiteren Spielraum lassen, als komplementäre Gestalten eines christlichen Gottesdienstes zu verstehen, weil auch sie, ohne an der Entfaltung behindert zu sein, aus der gemeinsamen, Kontinuität und Identität des christlichen Gottesdienstes ausdrückenden Grundstruktur herauswachsen. Das Strukturpapier kann somit auch als Grundraster für die Gestaltung von Gottesdiensten in offenen Formen dienen.

8. Schließlich darf die Agendenrevision nicht vergessen, daß die aus der Wittenberger Reformation erwachsene Gestalt des deutschsprachigen evangelischen Gottesdienstes nicht nur von lutherischen, sondern auch von unierten Kirchen übernommen und weiterentwickelt wurde. Diese Gemeinsamkeit liturgieverwandter Kirchen kam schon bisher in der weitgehenden Übereinstimmung liturgischer Strukturen und Texte zum Ausdruck.

Es liegt darum nahe, daß bei der Agendenrevision ein Erfahrungsaustausch zwischen liturgieverwandten Kirchen stattfindet. Das Strukturpapier der LLK bietet die Möglichkeit, das partikularkirchliche Erbe der einzelnen Kirchen als Ausformungsvariante der gemeinsamen Grundstruktur zu verstehen und die gottesdienstliche Gemeinschaft der Kirchen des deutschen Sprachgebietes zu fördern, ohne in einen liturgischen Zentralismus zu verfallen. In dieser gesamtkirchlichen Bedeutung der Agendenrevision liegt die Begründung dafür, daß der Revisionsauftrag an die LLK ergangen ist, eine Arbeitsgemeinschaft aus allen evangelischen Kirchen des deutschen Sprachgebietes, die von der Reformation Luthers gottesdienstlich geprägt sind.

ÜBERSICHT ÜBER STRUKTUR UND ELEMENTE DES GOTTESDIENSTES

STRUKTURPAPIER

I. Eröffnung

Der Gemeindegottesdienst kann auf verschiedene Weise eröffnet werden. Die Gottesdienstordnung bietet dafür folgende Möglichkeiten: musikalische Einleitung, Rüstgebet, Gebetsstille, Einführung. Von diesen Stücken kann eines gewählt werden. Es können auch mehrere einander zugeordnet werden. Die Besonderheiten des jeweiligen Gottesdienstes sind dabei mitzubedenken.

Musik	Neben der *musikalischen Einleitung* (Glockengeläut, Orgelmusik, Chor- und Instrumentalmusik),
Rüstgebet	dem *Rüstgebet* (Confiteor oder Veni Sancte Spiritus, EKG 124)
Gebetsstille	oder einer allgemeinen, durch ein *Meditationswort* eröffneten *Gebetsstille*
Einführung	können, nach einer kurzen Begrüßung, *einführende Worte* gesprochen werden. Sie können sich auf Inhalt und Ordnung des Gottesdienstes, auf Angelegenheiten, die die Gemeinde betreffen, oder auf ein aktuelles Ereignis beziehen. Es ist auch möglich, ein *Offenes Singen* zu halten oder *Mitteilungen* über das Gemeindeleben zu machen.

Das Rüstgebet, das Meditationswort vor der Gebetsstille und die zur Einführung gehörenden Stücke können von Gemeindegliedern (auch Mitgliedern des Kirchenvorstandes, Lektor, Kantor o. a.) übernommen werden.

II. Anrufung

Anbetung und Lob, Klage und Bitte bestimmen diesen Abschnitt des Gottesdienstes. Die Gottesdienstordnung sieht dafür verschiedene liturgische Stücke vor: Psalm, Lied, Kyrie, Gloria, Kollektengebet. Unter diesen kann eine dem jeweiligen Gottesdienst entsprechende sinnvolle Auswahl getroffen werden. Der Anrufungsteil soll Gemeindegesang enthalten und in der Regel mit dem zusammenfassenden Kollektengebet abgeschlossen werden.

Psalm/Lied	Chor, Gruppe oder Gemeinde singen oder sprechem im Wechsel einen *Psalm.* Der Psalm kann mit dem *Gloria Patri* verbunden werden; er kann als gesungenes *Psalmlied* erscheinen. Die Gemeinde singt ein Lied (Kirchenjahrs-, Tageszeiten- oder thematisches Lied). Das Lied fällt fort, wenn Psalm, Kyrie oder Gloria liedförmig ausgeführt werden.
Bittruf (Kyrie)	Chor (Liturg) und Gemeinde singen im Wechsel das *Kyrie.* Stattdessen kann auch ein *Kyrielied* gesungen oder eine Ektenie gebetet werden. Ein *Kyrieruf* kann auch mit den Fürbitten nach der Predigt verbunden sein.
Lobpreis (Gloria in excelsis)	Chor (Liturg) und Gemeinde singen das *Gloria in excelsis* im Wechsel oder als *Glorialied.*
Kollektengebet	Der Liturg betet ein kurzes, zusammenfassendes *Gebet* (Kollektengebet). Zwischen Gebetsaufforderung und Gebet kann eine *Gebetsstille* treten. Vor der Gebetsaufforderung kann der *Gruß* (Salutatio) eingefügt werden, wenn er nicht Bestandteil der Eröffnung (Begrüßung) ist.

III. Verkündigung und Bekenntnis

Die Verkündigung des Wortes Gottes und die Antwort der Gemeinde kennzeichnen diesen Teil des Gottesdienstes: biblische Lesungen, Predigt und Glaubensbekenntnis, Gesänge zu den Lesungen, Musik und Lieder sowie Tedeum und Offene Schuld. Schriftlesung, Predigt und eine Form der Antwort der Gemeinde gehören notwendig zum Verkündigungsteil des Gottesdienstes. Die übrigen Stücke können mit diesen sachgemäß verbunden sein.

1. Schriftlesung	Der Lektor liest die *Epistel* oder die *AT-Lesung.* Wenn die Epistel oder die AT-Lesung Predigttext ist und als 2. Schriftlesung verwendet wird, kann hier das Evangelium gelesen werden.

Vor der Lesung kann ein *einleitendes Wort (Präfamen)*, nach der Lesung ein *Antwortgesang* eingefügt werden. In diesem Zusammenhang kann auch *Kirchenmusik* in reicherer Entfaltung ausgeführt werden.

Lied

Die Gemeinde singt das *Lied des Tages*.

2. Schriftlesung

Der Lektor liest das *Evangelium* oder den *Predigttext* (vgl. 1. Schriftlesung). Vor der Lesung kann ein *einleitendes Wort (Präfamen)*, nach der Lesung ein *Antwortgesang* eingefügt werden.

Wenn der Predigtext als 2. Schriftlesung verlesen wird, soll die Gemeinde vor der Predigt nur einen kurzen Antwortgesang oder die Strophe eines Bittliedes um rechtes Hören singen.

Die 2. Schriftlesung, in besonderen Fällen auch die 1. Schriftlesung, kann (einschließlich Antwortgesang, Lied des Tages und Glaubensbekenntnis) fortfallen. Die Lesung des Predigttextes folgt dann dem Kollektengebet unmittelbar.

Glaubensbekenntnis

Der Liturg spricht (zusammen mit der Gemeinde) das *Glaubensbekenntnis*, wenn es nicht der Predigt folgt. Es kann auch als *Glaubenslied* oder vom Chor als Prosatext gesungen werden. Dem vom Liturgen gesprochenen Glaubensbekenntnis kann eine Amenstrophe oder ein *Bittlied um rechtes Hören* folgen.

Predigt

Der Prediger verliest den *Predigttext*, wenn dies nicht bereits in der 2. Schriftlesung geschehen ist, und hält die *Predigt*. Sie wird durch den *Kanzelgruß* eingeleitet, wenn der Prediger nicht zugleich Liturg ist, und kann mit dem *Kanzelsegen* schließen.

Nach der Predigt soll durch ein *Lied*, durch *Chorgesang*, *Musik* oder ein betrachtendes *Gebet* der Besinnung Raum gegeben werden.

Bekenntnis	Der Liturg spricht (zusammen mit der Gemeinde) das *Glaubensbekenntnis,* wenn es nicht schon vorher gesprochen oder gesungen wurde. Stattdessen kann das *Tedeum* folgen. An bestimmten Tagen folgt der Predigt die *Offene Schuld* mit Vergebungszusage. Diesem Bekenntnis der Sünde kann das Glaubensbekenntnis folgen.
Abkündigungen	Der Lektor (Kirchenvorsteher) liest die *Abkündigungen,* die das Dankopfer und die Fürbitten vorbereiten. Während eines Gemeinde- oder Chorgesanges wird das Dankopfer eingesammelt.
Fürbitten (Allgemeines Kirchengebet)	Die *Fürbitten* werden von einem einzelnen oder mehreren gesprochen. Sie können durch ein *Kyrie* eröffnet oder mit ihm verbunden werden. Abkündigungen, Dankopfer, Fürbitten folgen dem Abendmahl, wenn dieses besonders nahe an die Predigt herangerückt werden soll. Die Reihenfolge richtet sich jeweils nach dem Sachzusammenhang zwischen Predigt und Fürbitten, Abkündigungen und Fürbitten, Abkündigungen und Dankopfer usw. Findet im Gottesdienst kein Abendmahl statt, so folgt den Fürbitten *Vaterunser,* Sendungswort und Segen.

IV. Abendmahl

Lobpreis, Stiftungsworte, Bereitung und Austeilung kennzeichnen die Feier des Abendmahls. Von den in der Gottesdienstordnung gebotenen Liturgieelementen sind die Einsetzungsworte und die Austeilung *unaufgebbare* Stücke.

Lobpreis Lobgebet (Präfation)	Der Liturg singt oder spricht im Wechsel mit der Gemeinde die *Präfationsversikel,* denen die *Präfation* folgt.
Dreimalheilig (Sanctus)	Die Gemeinde nimmt den Lobpreis mit dem *Sanctus* auf. An die Stelle von Präfation und Sanctus kann ein *Loblied* treten.

Einsetzung

Vaterunser

Einsetzungsworte

Sollen die *Einsetzungsworte* der Austeilung unmittelbar vorausgehen, so tritt das *Vaterunser* als Gebet vor die Einsetzungsworte (Form A).

Gebet zum Abendmahl

Die Einsetzungsworte können in ein *Gebet zum Abendmahl* (Eucharistisches Gebet) eingefügt sein (Form B).
Den Einsetzungsworten kann sich ein *Wort zum Abendmahl* (Abendmahlsvermahnung) anschließen, dem ein Abendmahlsgebet folgt (Form C).

Bereitung

Vaterunser

Wenn es nicht schon vor den Einsetzungsworten gebetet wurde, wird jetzt das *Vaterunser* als Tischgebet zur Bereitung auf den Empfang des Abendmahls gesprochen.

Friedensgruß (Pax)

Der *Friedensgruß*, gegebenenfalls mit einem Vorwort (Präfamen), kann als Ankündigung der Mahlgemeinschaft hier oder nach dem Gesang des Christe, du Lamm Gottes folgen.

Christe, du Lamm Gottes (Agnus)

Einladungswort

Die Gemeinde singt zum Abschluß der Bereitung das *Christe, du Lamm Gottes.*
Stattdessen kann auch ein *Einladungswort* gesprochen werden, das mit dem Friedensgruß eingeleitet werden kann.

Austeilung

Austeilung

Die *Austeilung* mit Spende- und Entlassungsvoten wird begleitet von Gemeindeliedern, Chorgesängen und Kirchenmusik; sie kann auch in der Stille geschehen.

Dankgebet

Der Liturg betet das *Dankgebet,* dem ein *Versikel* vorausgehen kann. Beauftragte Gemeindeglieder können bei der Austeilung des Abendmahls helfen und das Dankgebet übernehmen.

V. Sendung

Sendung und Segen bilden den Schluß des Gottesdienstes. Abkündigungen, Dankopfer und Fürbitten können mit ihm sinnvoll verbunden werden.

Abkündigungen	Der Lektor (Kirchenvorsteher) liest die *Abkündigungen,* die das Dankopfer und die Fürbitten vorbereiten.
Dankopfer	Während eines Gemeinde- oder Chorgesanges wird das *Dankopfer* eingesammelt.
Fürbitten (Allgemeines Kirchengebet)	Die *Fürbitten* werden von einem einzelnen oder mehreren gesprochen. Sie können durch ein *Kyrie* eröffnet oder mit ihm verbunden werden. Abkündigungen, Dankopfer und Fürbitte fallen fort, wenn sie schon vor dem Abendmahl eingefügt waren.
Vaterunser	Findet kein Abendmahl statt, so folgt den Fürbitten das *Vaterunser.*
Sendungswort	Der Liturg kann vor dem Segen ein *Sendungswort* (biblisches Votum oder freies Wort) sprechen oder es mit dem Segen verbinden.
Lobruf (Benedicamus)	Folgt der Segen unmittelbar auf das Dankgebet nach dem Abendmahl, so kann er mit dem *Benedicamus* eingeleitet werden.
Segen	Der Liturg beschließt den Gottesdienst mit dem *Segen.* *Gebetsstille, Musik* (Orgelspiel, Chor- oder Instrumentalmusik) oder ein *Lied* können den Gottesdienst ausklingen lassen.

II KOMMENTIERTE GOTTESDIENSTBERICHTE
als Beispiele für die Anwendung des Strukturpapiers

EINFÜHRUNG
Von Walther Lührs

Die nachfolgenden Beispiele stammen aus der gottesdienstlichen Praxis. Es sind Berichte über die Vorbereitung und Durchführung verschiedener Gemeindegottesdienste. Diese Berichte wollen nicht zeigen, wie ein „idealer" Gottesdienst verlaufen soll, sondern wie der Gottesdienst in einer ganz bestimmten Gemeinde an einem ganz bestimmten Tag verlaufen ist.

Bei aller Gleichförmigkeit unserer gottesdienstlichen Ordnungen ist doch jeder Gottesdienst zumindest durch das wechselnde Proprium verschieden. Die Beispiele zeigen aber auch, daß darüber hinaus verschiedene Faktoren — neben dem Kirchenjahr etwa ein aktueller Anlaß oder die Möglichkeit bzw. die Struktur einer Gemeinde — in das Ordinarium des Gottesdienstes eingreifen können. Das Strukturpapier hat dies mit dem Begriff der „Schmiegsamkeit der Liturgie" zu umschreiben versucht.

Dabei wird einerseits zu beachten sein, daß der Sonntagsgottesdienst der Gemeinde bestimmten Strukturgesetzen verpflichtet ist (damit sich die Gemeinde in seinen Formen wiederfindet, damit er wiederholt werden kann und damit er tradiertes und gewohntes Gut behält). Andererseits darf solche Norm nicht als starres Gesetz aufgefaßt und vollzogen werden, sondern muß sich von Sonntag zu Sonntag den verschiedenen Anforderungen, Ansprüchen, Gegebenheiten und Möglichkeiten stellen und auch anpassen.

Solche Überlegungen bilden einen wesentlichen Teil der Vorbereitung eines jeden Gottesdienstes. *Die agendarische Ordnung und die jeweilige Ordnung des Gottesdienstes einer Gemeinde entlasten Pfarrer und Kirchenmusiker nicht von der von Fall zu Fall neubegründeten Frage nach Aufbau und Durchführung des anstehenden Gottesdienstes.* Selbstverständlich ist die Agende eine unentbehrliche Richtschnur, „gute Ordnung", aufgrund derer die Vorbereitung des Gottesdienstes geschehen wird. Aber zu der Frage: „Was steht in der Agende?" muß die andere Frage treten: „Was ist an diesem Sonntag möglich und nötig?"

Fraglos gewinnt die konkrete Vorbereitung eines einzelnen Gottesdienstes dadurch an Kompetenz. Die Verantwortung der Gemeinde und ihrer gottesdienstlichen Amtsträger wird im Blick auf „ihren" Gottesdienst größer. Das Stichwort von der „Schmiegsamkeit der Liturgie" umschreibt einen Freiraum, der zur

Teamarbeit und phantasievollen Gestaltung reizen kann. Die Arbeit am Gottesdienst macht mehr Freude. „Es läuft nichts mehr von selbst", dieser in kirchlichen Kreisen oft mit Resignation ausgesprochene Satz wird Anlaß zu intensiver Beschäftigung mit dem Gottesdienst der lebendigen Gemeinde.

Andererseits wird die Ausbildung vor allem der Pfarrer in Zukunft sich wesentlich stärker mit den Möglichkeiten gottesdienstlicher Gestaltung auseinandersetzen müssen. Es darf nicht die einzige Frage bleiben: Wie predige ich recht und zeitgemäß?, sondern es muß eingeübt werden, mit folgenden Fragen umzugehen: Wie baue ich diesen Gottesdienst auf, welche Möglichkeiten habe ich, wer steht zur Verfügung? Wie formuliere ich ein Gebet? Wie kann ich straffen, wie kann ich hervorheben, und welche Konsequenzen hat dies?

Die folgenden Berichte gliedern sich in 5 Unterabschnitte:

Gegebenheiten
Vorbereitungen
Beschreibung des Gottesdienstes
Erfahrungen
Kritische Beurteilung

1. Gegebenheiten

Darunter ist alles zu verstehen, was an Voraussetzungen zur Durchführung eines Gottesdienstes in einer ganz bestimmten Gemeinde, an einem ganz bestimmten Tag und in einem ganz bestimmten Raum möglich ist. Daß z. B. ein Familiengottesdienst in einer Großstadt nicht zur Ferienzeit gehalten werden kann, versteht sich von selbst. Daß aber — eben wegen der Schulferien und der mobilen Gesellschaft — unsere Kinder und Jugendlichen Feste wie Ostern und Pfingsten kaum mehr im Gottesdienst erleben, übersehen wir weithin immer noch und ziehen deshalb nicht die notwendigen liturgischen Konsequenzen. Dies Beispiel mag für vieles stehen. Es gibt also zeitliche, d. h. von bestimmten Jahres- und Tageszeiten abhängige Gegebenheiten, die ihre liturgische Konsequenz haben. Hinzu kommen aktuelle Ereignisse, politische und öffentliche Geschehnisse, Katastrophen und andere von außen abhängige Situationen, die Einfluß auf die Vorbereitung und Gestaltung eines Gottesdienstes haben werden.
Weitere „Gegebenheiten" liegen etwa in der Struktur einer Gemeinde, in ihren Sitten und Gewohnheiten und vielen anderen Faktoren, die eben gerade diese Gemeinde betreffen und ihren Gottesdienst bedingen. Es gibt kein Klischee, kein Gottesdienstmodell, das in mehreren Gemeinden wie ein Film ablaufen kann. Denn nicht der Pfarrer „hält" den Gottesdienst; sondern die Gemeinde hält den Gottesdienst. Und Gemeinde — das sind unverwechselbare Personen.

Schließlich wird auf bestimmte Voraussetzungen Rücksicht zu nehmen sein, die mit der gerade laufenden Gemeindearbeit, mit Seminaren der Erwachsenenbildung, mit der Konfirmanden- und Jugendarbeit und vielem anderen zusammenhängen.
Ein Analyse der jeweiligen Gegebenheiten gehört zu den wichtigsten Voraussetzungen für die sachgemäße Vorbereitung eines Gottesdienstes.

2. *Vorbereitungen*

Unter diesem Stichwort wird alles zusammengefaßt, was an Überlegungen, Besprechungen, Entscheidungen, Planung und praktischer Vorbereitung einem Gottesdienst voraufgeht. *Die Vorbereitungen ziehen die praktische Konsequenz aus den Gegebenheiten.* Dabei kommt dem Gespräch der am Gottesdienst beteiligten Amtsträger hervorragende Bedeutung zu. Die Geschichte von dem Pfarrer, der am Sonntagmorgen seinem Organisten den Liederzettel auf die Orgel bringen läßt, gehört heute hoffentlich zu den kuriosen Erinnerungen vergangener Tage. Zwar wird das Arbeitsteam aus Pfarrer, Kirchenmusiker, Mitarbeitern und Gemeindegliedern in der Regel nur für wenige Gottesdienste des Jahres tätig werden können. Aber die gemeinsame Vorbesprechung von Kirchenmusiker und Pfarrer sollte ein fester Bestandteil gottesdienstlicher Gemeindearbeit sein. Zu den Vorbereitungen gehören u. a.:

> die Entscheidung über den *Aufbau des Gottesdienstes,* die Hervorhebung oder Umstellung einzelner liturgischer Stücke unter Berücksichtigung der sich daraus ergebenden Konsequenzen für die Gesamtgestaltung;
>
> die *Auswahl der Lesungen* und eventuell die Formulierung von Einleitungsworten (Präfamina);
>
> die *Auswahl der Lieder,* die nach textlichen *und* musikalischen Gesichtspunkten zu treffen ist;
>
> die Gestaltung der *Eröffnung;*
>
> die Beteiligung verschiedener *Gruppen und Mitarbeiter;*
>
> die Absprache über Länge und Stellung der *musikalischen Stücke.*

Wünschenswert ist, in stärkerem Maße Gemeindeglieder an solchen Vorüberlegungen zu beteiligen. Dies geschieht etwa in Predigtvorgesprächen, in den Chören und Gruppen, die nicht nur von den „Regisseuren“ des Gottesdienstes eingesetzt werden, sondern die sich aktiv in den „Lernprozeß Gottesdienst“ hineinstellen.

Bei all diesen Vorbereitungen wird die Frage nach der erwarteten Zusammensetzung der Gottesdienstgemeinde eine nicht unwichtige Rolle spielen (Welchen Prozentteil werden die Konfirmanden ausmachen? Werden Leidtragende zu erwarten sein? Sind besondere Gruppen eingeladen? Wieviel Abendmahlgäste sind zu erwarten, und welche Konsequenz hat dies für eine eventuelle Straffung des Gesamtablaufs? usw.). Auch die Frage nach der Anzahl der Gottesdienstteilnehmer ist für die Gestaltung des Gottesdienstes u. U. von Bedeutung. Eine Veranstaltung mit 10 Personen läuft nach anderen Gesetzen der Kommunikation als eine solche mit 100 oder 300 Teilnehmern. Dies wird weithin übersehen.

Zusammenfassend läßt sich zu den Vorbereitungen folgendes sagen: Sie dienen gewiß dazu, daß ein Gottesdienst sachgemäß und ordentlich verläuft. Ihr Hauptaugenmerk aber muß sich dabei vor allem darauf richten, *daß dieser Gottesdienst auch von der Gemeinde angenommen und als ihr eigener Gottesdienst vollzogen werden kann.*

3. Beschreibung des Gottesdienstes

Die Beschreibung des Gottesdienstes geschieht nach dem Vorbild der „Übersicht über Struktur und Elemente des Gottesdienstes" (Strukturpapier). Dabei werden die Änderungen gegenüber dem bisherigen „Normalaufbau" des Gottesdienstes nach Agende I im Beispiel 1 durch kursiven Druck hervorgehoben.

4. Erfahrungen

Jedes Beispiel eines Gottesdienstes schließt mit einem Erfahrungsbericht ab. Es werden Gedanken zusammengetragen, die aufgrund von Rücksprachen bei den Gottesdienstteilnehmern und aufgrund eigener Empfindungen entstanden sind. Gottesdienstnachgespräche — organisiert und nicht organisiert — sind ein unentbehrliches Hilfsmittel zur kritischen Arbeit am Gottesdienst der Gemeinde. Solch ein Erfahrungsaustausch bildet den ersten Schritt der Vorbereitung für den nächsten Gottesdienst. So kann eine kritische Mitarbeit von Gemeindegliedern am besten vollzogen werden.

Daß solche „Erfahrungen" dennoch sehr subjektiven Charakter tragen, ist natürlich. Darum wird diesen Gedanken aus „eigener Werkstatt "eine

5. Kritische Beurteilung

hinzugefügt, die von der Arbeitsstelle für Gottesdienst und Kirchenmusik in Hannover (ohne Erlebnis des Gottesdienstvollzuges) aufgrund des Gesamtberichtes angestellt wird.

Gottesdienst im Kirchenjahr mit Bläsergruppe

Gottesdienst am Sonntag, 9. Febr. 1975 (Estomihi),
in der Stephanuskirche Göttingen

Gegebenheiten

Die Stephanusgemeinde ist eine Stadtrandgemeinde im Neubaugebiet (Hochhäuser, Mehrfamilienhäuser und viele Einfamilienhäuser). Es ist der letzte Sonntag vor der Fastenzeit.

Nach Ordnung der Gemeinde ist am 2. Sonntag des Monats Gottesdienst mit Abendmahl. Es ist Brauch der Gemeinde, daß an solchen Sonntagen das Kollektengebet *gesungen* wird und daß als Glaubensbekenntnis das *Nicänum* gesprochen wird.

Neben dem Predigttext (OPT III: 2. Mose 33, 12—23) erscheinen Epistel (1. Kor. 13) und Evangelium (Lukas 18, 31—43) so wesentlich, daß ungern auf ihre Lesung verzichtet wird.

Eine Posaunenbläsergruppe steht für diesen Sonntag zur Verfügung. Als Anfängergruppe hat sie ein begrenztes Musikgut zur Auswahl.

Vorbereitungen

Es finden ein Gespräch zwischen dem Kirchenmusiker (Organist und Posaunenchorleiter) und dem Pastor und ein Predigtvorgespräch mit Gemeindegliedern statt, in dem auch Überlegungen zu Lesungen und Liedern angestellt werden. Problematisch bleibt die Frage der drei Lesungen. Der Prediger hat sich für den empfohlenen Predigttext 2. Mose 33 entschieden. Er wird als 2. Lesung gewählt, dem als 1. Lesung das Sonntagsevangelium (Luk. 18) an die Seite gestellt wird. Evangelium („Sehet wir gehen hinauf nach Jerusalem“) und Hauptlied („Lasset uns mit Jesu ziehen“) markieren den Sonntag vor der Fastenzeit. Weil man drei Lesungen vor der Predigt vermeiden will, wird eine unmittelbare Verbindung der hymnischen Epistel (1. Kor. 13) mit der Abendmahlsliturgie erwogen. Jedoch ergibt sich bei der der Gemeinde gewohnten Abendmahlsform A keine befriedigende Lösung. Daraufhin wird entschieden, daß die Epistel als biblisches Sendungswort vor dem Segen gelesen werden soll. Der Lobruf (Benedicamus) fällt deshalb fort.

Damit der nicht sehr bekannte Predigttext und die Predigt möglichst eng zusammenstehen, rückt das Nizänische Glaubensbekenntnis im Anschluß an eine kurze Orgelmeditation an die Stelle nach der Predigt. Damit das Abendmahl nicht zu spät im Verlauf des Gottesdienstes beginnt, werden Abkündigungen und Fürbitten in den Sendungsteil gestellt, der dadurch zusammen mit der Epistel-Sendungs-Lesung ein starkes Gewicht erhält. Eine Verbindung von Abendmahls- und Sendungsteil erfolgt durch die Verknüpfung des Dank-(Postcommunio-)Gebetes mit den Fürbitten. *Zum Einzelnen:* Das Gloria Patri wird als Liedstrophe (179,7) gesungen. Das Gloria in excelsis wird aus Gründen der Straffung nach der verkürzten Form A der Agende I (d. h. ohne das Glorialied) gesungen, schließend mit dem Amen. Für die Wahl des Liedes vor der Predigt war entscheidend, daß es zum Musikrepertoire der Bläser gehörte (Ihr Einsatz erschien wichtiger als der de tempore-Gedanke).

Beschreibung des Gottesdienstes

I. Eröffnung

Musik		Bläservorspiel

II. Anrufung

Lied	Gmd.:	In dich hab ich gehoffet (EKG 179, 1—4.7 = *Gloria Patri*)
Bittruf	Lit. und Gmd. im Wechsel:	Kyrie eleison — Herr, erbarme dich . . .
Lobpreis	Lit. und Gmd. im Wechsel:	Ehre sei Gott in der Höhe — und auf Erden Fried, den Menschen sein Wohlgefallen. *Amen.*
Gebet	Lit.:	Kollektengebet

III. Verkündigung und Bekenntnis

1. Schriftlesung	Lektor:	*Evangelium* Luk. 18, 31—43
	Gmd.:	Ehre sei dir, Herre (vorher) Lob sei dir, o Christe (nachher)
Lied	Gmd.:	Lasset uns mit Jesu ziehen (EKG 252, 1.3.4) (Bläser begleiten)
2. Schriftlesung	Lektor:	*Predigttext* 2. Mos. 33, 12—23
	Gmd.:	Erd und Himmel sollen singen (Beiheft Niedersachsen 914) (Bläser begleiten)

Predigt	Lit. hält die Predigt mit den Leitgedanken: Moses' Weg durch die Wüste. Jesu Weg zum Kreuz. Unser Weg mit Gott.	
	Orgelmeditation	
Bekenntnis	Lit.:	Nizän. *Glaubensbekenntnis*
Dankopfer	KV.:	Ansage des Dankopfers
	Gmd.:	Gott ist gegenwärtig (EKG 128 als *Lied zur Predigt* und *zum Dankopfer*). Kirchenvorsteher sammeln die Gaben ein.

IV. Abendmahl

nach Form A der Agende I. Während der Austeilung singt die Gemeinde „Liebe, die du mich zum Bilde" (EKG 255), die Orgel spielt sub communione. Nach der Austeilung singt die Gemeinde die Bittstrophe „Gott geb uns allen" (EKG 163,3).

V. Sendung

Abkündigungen	Lektor:	Abkündigungen zur Vorbereitung der Fürbitten
Fürbitten	*Dank-* und Fürbittengebet	
Sendungswort	Lit.:	*Epistel 1. Kor. 13, 1—8.13*
Segen	Lit.:	Segen (4. Mose 6,24)
	Bläsernachspiel	

Erfahrungen

Rückfragen haben gezeigt, daß die Gemeinde mit den drei Lesungen entgegen unseren Befürchtungen nicht überfordert wurde — wahrscheinlich, weil darunter zwei bekannte biblische Kardinalstellen fielen. Die Lesung des Hohenliedes der Liebe (1. Kor. 13, gekürzt) an der ungewohnten Stelle am Schluß des Gottesdienstes wurde mit Überraschung, aber (deshalb?) mit großer Hörbereitschaft aufgenommen.
Das Echo auf die (von den Gemeindegliedern schon gelegentlich erlebte) Meditationsmusik nach der Predigt war unterschiedlich. Sie wurde als Ruhepause, als Anregung zur Besinnung, als positiv oder auch als überflüssig empfunden.
Der Gottesdienst dauerte trotz einer verhältnismäßig starken Beteiligung am Abendmahl (69 Abendmahlsgäste traten in vier Gruppen im Halbkreis vor den

Altar) 72 Minuten. Eine wünschenswerte Straffung wäre möglich gewesen durch Fortfall des wegen der Bläser eingefügten Liedes zwischen Predigttext und Predigt und 2 bzw. 3 weiterer Liedstrophen. Die Predigt dauerte 17 Minuten.

Kritische Beurteilung

Neben den Bläsereinsätzen ist charakteristisch die vor-überlegte Anordnung der drei Lesungen, von denen nur Evangelium und Predigttext im Verkündigungsteil gelesen werden. Das Wagnis, den hymnischen Exkurs über die christliche Liebe um 4 Verse zu kürzen und zu einem außergewöhnlich langen Sendungswort zu verwenden, wird vermutlich in erster Linie unter Experten auf Skepsis stoßen, die den Gottesdienst nicht selbst erlebten. Es setzt eine Gemeinde voraus, die die Grundstruktur ihres Gottesdienstes einigermaßen kennt und eine „Sendung“ auch in nicht-paränetischer Form versteht. Doch ist durchaus denkbar, das Sendungswort auch einmal in dieser Weise vom Proprium her zu gestalten. Gern wüßte man übrigens, wie Dank und Fürbitten in Verbindung mit den Abkündigungen im Sendungsteil formuliert wurden — hier bildet ja alles zusammen offenbar eine schwergewichtige Einheit.
Das Credo wird der Predigt nachgestellt und als Antwort auf die Verkündigung mit dem Dankopfer verbunden. Damit wird zugleich eine bessere Verbindung der Lesungen mit der Predigt erreicht. Dies ist eine gute Lösung. Erfahrungsgemäß wird dabei allerdings eine knappe, motivierende Einleitung nötig. Hierfür sollten Beispiele erarbeitet werden. Die Nähe zum Abendmahl bekommt dem Credo gut (dort hat es in der Ostkirche ja seinen Platz). Problematisch erscheint dagegen, daß die Nizänische Fassung von der Gemeinde nicht mitgesprochen werden kann und daß vorher auch das Predigtlied durch eine Einzelinitiative (Orgel) ersetzt wurde. So schweigt die Gemeinde ein bißchen lange. Ansonsten ist diese „Ausformung“ des sonntäglichen Gottesdienstes durchaus gelungen.

Gottesdienst als Abschluß einer Reihe von Gemeindeabenden

Gottesdienst am Sonntag, 2. März 1975 (Okuli),
in der Stephanuskirche Göttingen

Gegebenheiten

Zur Charakterisierung der Gemeinde siehe Beispiel 1.

Es ist der dritte Sonntag in der Fastenzeit.

Vorausgegangen ist eine Reihe von vier Ausspracheabenden über das Gesamtthema „Erziehung — Gewinn fürs Leben?".

Nach Ordnung der Gemeinde ist am 1. Sonntag des Monats ein Gottesdienst ohne Abendmahl.

Es muß berücksichtigt werden, daß höchstens ein Drittel der Gottesdienstteilnehmer an den voraufgegangenen Ausspracheabenden teilgenommen hat.

Dem Sonntag unmittelbar voraus gingen die Ereignisse um die gewaltsame Entführung eines Politikers in Westberlin.

Vorbereitungen

Es finden Gespräche zwischen den Gesprächsteilnehmern (Gesprächsgruppenleiter) der Ausspracheabende, dem Kirchenmusiker und dem Pastor statt. Die in den vergangenen Jahren begonnene Praxis einer Verbindung von Erwachsenenbildungsarbeit und Gottesdienstarbeit soll mit dem geplanten Gottesdienst fortgesetzt werden.

Geplant wird deshalb ein Gottesdienst mit deutlichem Themabezug, der sich in Ordnung und Gestaltung des Gottesdienstes niederschlägt. Das Proprium des Sonntags Okuli wird nicht berücksichtigt. Der Bezug zum Kirchenjahr wird durch die in der Gemeinde in der Passionszeit übliche Strophe vor der Predigt „Ehre sei dir, Christe" (EKG 57,7) hergestellt.

Das Hauptgewicht der Vorbereitung konzentriert sich auf Teil III „Verkündigung und Bekenntnis". Verzichtet wird auf Informationsberichte aus den Gemeindeabenden. Zur Konkretion des Themas und als Kontrast bzw. Auslegung werden vor die Schriftlesungen zwei außerbiblische Abschnitte gestellt: ein Wort aus der arabischen Weisheitsliteratur und das Vierte Gebot mit der Erklärung Luthers.

Als Gegengewicht zu den verbalen Äußerungen werden Orgelstücke zur Meditation ausgewählt.

Der Gottesdienst wird als Thema-Gottesdienst angekündigt (Presse, Gemeindeblatt, Plakate), dem ein Gottesdienstnachgespräch folgen soll.

Die Gottesdienstteilnehmer erhalten Handzettel mit Hinweis auf die Ordnung, mit Abdruck des arabischen Weisheitswortes und mit Leitsätzen zur Predigt als Hilfe für das nachfolgende Gespräch.

Aufgrund der politischen Ereignisse (s. o. unter „Gegebenheiten"!) erhebt sich am Vortag die Frage: Müssen wir nicht diesen Gottesdienst absetzen und einen Bittgottesdienst halten? Was ist zu tun? Wir können das politische Ereignis nicht übergehen. Wir entschließen uns, daß der Pastor zu Beginn des Gottesdienstes das ausspricht, was alle bewegt, und die Gemeinde zur Fürbitte auffordert (Diese Möglichkeit sieht das „Strukturpapier" ausdrücklich vor). Es wird ein anderes Eingangslied ausgesucht (283).

Beschreibung des Gottesdienstes

I. Eröffnung

Einführung	Zu Beginn erwähnt der Liturg die politische Situation in Berlin und ruft die Gemeinde zur Fürbitte auf. Er weist besonders auf das Fürbittengebet am Schluß des Gottesdienstes hin. Sodann wird eine kurze Einführung in den besonderen Charakter des Themagottesdienstes gegeben. Es wird zum Gottesdienstnachgespräch eingeladen.

II. Anrufung

Lied	Gmd.:	Von Gott will ich nicht lassen (EKG 283, 1—3.9 = Gloria Patri)
Bittruf	Lit. und Gmd. im Wechsel:	Kyrie eleison — Herr, erbarme dich …
Gebet	Lit.:	Kollektengebet zum Thema des Gottesdienstes

III. Verkündigung und Bekenntnis

Lesung	1. Lekt.:	Das Vierte Gebot mit Erklärung Martin Luthers
	2. Lekt.:	Worte eines arabischen Weisen
Musik	Orgelmeditation	
Schriftlesung	1. Lekt.:	Worte aus dem Alten Testament: 1. Könige 3 (in Auswahl: Salomos Bitte um Weisheit)
Lied	Gmd.:	Wohl denen, die da wandeln (EKG 190)
Schriftlesung	2. Lekt.:	Worte aus dem Neuen Testament: Gal. 5,13—14 („Zur Freiheit berufen") und Matth. 16, 21.24—26 (Zur Nachfolge berufen: „Was hülfe es dem Menschen …")
Liedvers	Gmd.:	Ehre sei dir, Christe (EKG 57,7)
Predigt	Liturg hält Predigt über das Thema: „Erziehung — Gewinn fürs Leben"	
Musik	Orgelmeditation	
Lied	Gmd.:	Es ist ja, Herr, dein Gschenk (EKG 247,2)

V. Sendung

Abkündigung	KV.:	Abkündigungen zur Vorbereitung von Dankopfer und Fürbitten
Dankopfer	Gmd.:	Such, wer da will … (EKG 249) Kirchenvorsteher sammeln die Gaben ein.
Fürbitten	Lit.:	Dank- und Fürbittengebet mit hauptsächlichem Bezug auf das Thema und auf die politischen Ereignisse
Vaterunser	Lit. u. Gmd.:	Vaterunser

Sendungswort	Lit. u. Gmd. im Wechsel:	Gehet hin im Frieden des Herrn — Gott sei ewiglich Dank.
Segen	Lit.:	Segen (4. Mos. 6,24) Orgelnachspiel

Erfahrungen

Im Gottesdienstnachgespräch wurde deutlich, daß die Gemeindeglieder eine stärkere Verbindung von Erwachsenenbildung und Gottesdienst befürworten. Die Einbeziehung des Gottesdienstes in die übrige Gemeindearbeit verleiht den theoretischen Fachgesprächen die notwendige Verbindlichkeit und dem Gottesdienst die gewünschte Sachbezogenheit und Aktualität. Die Predigt eines Einzelnen zum Thema wurde von den einen als biblisch begründete Stellungnahme begrüßt; andere empfanden die in der Predigt geäußerte Meinung als zu einseitig bestimmt, begrüßten deshalb die Möglichkeit zur Aussprache.

Positiv vermerkt wurde, daß Gebetstexte, Lesungen, Lieder und Predigt das Gesamt-Thema in den Zusammenhang des Evangeliums gerückt hatten.

Die Sorge, daß die Häufung des gesprochenen Wortes die Gottesdienstteilnehmer überfordern würde, hat sich als unbegründet erwiesen.

Kritische Beurteilung

Gottesdienste als Abschluß von Seminar- oder Gesprächsreihen sind mancherorts regelmäßiger Brauch geworden. Sie haben oft ihr eigenes Proprium, wenngleich es natürlich Koinzidenzen mit dem Kirchenjahr geben kann. Da „höchstens ein Drittel der Gottesdienstteilnehmer an den ... Ausspracheabenden teilgenommen hatte“, liegen „Berichte aus den Abenden“ nahe. Sie sind im Gottesdienst aber meist zu lang — und gleichzeitig zu wenig, die Quadratur des Kreises! Eine Aufarbeitung der Probleme, die im Laufe eines Projektes der Erwachsenenbildung entstehen, kann im Gottesdienst höchstens vorgetäuscht werden. Ein Verzicht wie im vorliegenden Falle ist daher weise.

Die Äußerung zum aktuellen Ereignis in der Eröffnung hätte man gern schriftlich. Da — unter Beibehaltung des geplanten Themas — auch hierzu keine Aufarbeitung geleistet werden kann, bleibt nur die Möglichkeit einer Erinnerung des Tatbestandes und eines Hinweises auf die Fürbitte im Gottesdienst.

Das Bemerkenswerte an diesem Gottesdienst ist, daß er zeigt, wie ein Thema-Gottesdienst keineswegs immer nur „in neuer Gestalt“, d. h. „in offener Form“, sondern auch „im Spielraum von Agende I“, d. h. in einer „geöffneten Form“ sich entfalten kann, zu der der Gottesdienst der Tradition durchaus fähig ist, wenn man mit ihm im Sinne des „Strukturpapiers“ sachgerecht-phantasievoll umgeht.

So sind nicht nur die Teile I, II und V, sondern auch der Teil III (Teil IV — Abendmahl fällt ja aus) im Sinne der variablen Ausformung der Grundstruktur unseres Gottesdienstes legitimiert. In diesem Sinne muß es auch möglich sein, einmal biblische und außerbiblische Lesungen frei zusammenzustellen, für die Predigt auf einen speziellen Bibeltext zu verzichten (wie es in früheren Jahrhunderten ja viel häufiger geschah) und eine „Form der Antwort der Gemeinde“ Strukturpapier s. o. S. 13) in wohlbedachten Liedstrophen zu finden.

Familiengottesdienst

Gottesdienst am Sonntag, 25. Mai 1975 (Trinitatis)
in der Stephanuskirche Göttingen

Gegebenheiten

Zur Charakterisierung der Gemeinde siehe Beispiel 1.
Es ist Sonntag nach Pfingsten, Trinitatis. In der Regel ein Sonntag ohne besonderen Reiz zum Kirchgang!

Voraufgegangen sind im April Gespräche im Vorkonfirmandenunterricht über den Gottesdienst der Gemeinde. Es wurde über die Erfahrungen gesprochen, die junge Menschen mit dem Gottesdienst der Kirche machen. Dabei wurde von allen Gruppen folgende Kritik am herkömmlichen Gottesdienst geäußert:

1. Die Predigt ist zu lang und meist langweilig.
2. Die Lieder gefallen nicht.
3. Warum muß sich „jeden Sonntag immer dasselbe“ wiederholen?

Daraufhin wurde den Konfirmanden der Vorschlag gemacht: wollen wir gemeinsam mit anderen Gruppen einen Gottesdienst vorbereiten und durchführen, in dem nichts „wie sonst“ ist? Die Konfirmanden äußerten spontan Bereitschaft dazu.

Familiengottesdienste werden in der Gemeinde etwa 3—5mal im Jahr durchgeführt. Dieser Gottesdienst war ursprünglich nicht geplant. Der Gedanke entstand spontan aufgrund des Konfirmandengespräches.

Folgende Gruppen und Mitarbeiter standen zur Verfügung:
Konfirmandengruppe / Bläsergruppe / Jungschargruppe / Kindergottesdienstkinder mit Helfern / Kantor und Organist / Lektor / Kirchenvorsteher / Gemeindehelferin / Pastor.
Der Liederschatz der Kinder ist sehr begrenzt.

Vorbereitungen

Es findet zunächst ein Vorgespräch zwischen der Gemeindehelferin (für Kindergottesdienst und Jungchor), dem Kirchenmusiker (Posaunenchorleiter) und dem Pastor (auch für die Konfirmandengruppe) statt. Man ist sich darin einig, daß „Trinitatis“ sich als Thema für einen Familiengottesdienst kaum eignet. Da in der Regel (wegen Schulferien und Mobilität der modernen Familie) Kinder an Pfingsten den Gottesdienst nicht besuchen, wird als Leitgedanke des Gottesdienstes „nach Pfingsten“ gewählt.

Nach Rücksprache in den Gruppen und der Erkundung, was die einzelne Gruppe beitragen kann, wird in einem zweiten Gespräch festgelegt, welche der „Angebote“ für den Gottesdienst infrage kommen. Der erarbeitete Gottesdienstverlauf nimmt einerseits Rücksicht auf die Kritik der Konfirmanden (vgl. „Gegebenheiten“), richtet sich zum anderen nach den Grundüberlegungen des Strukturpapiers.

Den Konfirmanden und Kindern wird 4 Wochen vorher der Termin genannt, damit sich die Familien auf diesen Sonntag einstellen können. Es wird besonders zu diesem Gottesdienst eingeladen.

Der Gottesdienstablauf wird nicht „geübt“, sondern die einzelnen Gruppen erarbeiten für sich ihre Beiträge.

Neben dem Familiengottesdienst wird die Gemeinde zu der allsonntäglichen „Frühpredigt“ (Kurzer Predigtgottesdienst um 8.30 Uhr) und zu einem Gesprächsgottesdienst um 11 Uhr eingeladen (Text: Matth. 28, 16—20).

Beschreibung des Gottesdienstes

I. Eröffnung

Einführung	Der Kantor begrüßt die Gemeinde und macht sie mit der Melodie des Eingangsliedes in Form eines Offenen Singens bekannt.

II. Anrufung

Lied	Die Bläsergruppe intoniert und begleitet das einstudierte Gemeindelied „Er weckt mich alle Morgen“ (Beiheft Niedersachsen zum EKG)
Psalm	Jungscharkinder sprechen im Wechsel Psalm 100 „Jauchzet dem Herrn alle Welt“

Lobpreis	Konfirmandengruppe singt den Kanon „Vom Aufgang der Sonne“, den die Gemeinde vierstimmig aufnimmt.
Gebet	Liturg spricht ein freies Gebet.

III. Verkündigung und Bekenntnis

Schriftlesung	Lektor liest das Evangelium Matth. 28, 16—20
Lied	Gemeinde singt das Lied „Wir loben, preis'n, anbeten dich“ (EKG 131, 2—4)
Predigt	Liturg erzählt die Pfingstgeschichte und legt sie mit kurzen Worten aus. Gemeinde singt als Predigtlied „Hilf, Herr meines Lebens“ (Beiheft 929)
Schriftlesung	Lektor liest den Predigttext Apostelgeschichte 2, 1 ff.

V. Sendung

Lied	Kantor macht die Gemeinde mit der Melodie des folgenden Liedes bekannt (Offenes Singen) — Die Gemeinde singt das Lied „Menschen hungern nach Verstehen“ (Beiheft 936).
Abkündigungen	Kirchenvorsteher liest die Abkündigungen, die u. a. das Dankopfer ansagen.
Dankopfer	Die Gemeinde singt das Dankopferlied „Lobe den Herren, alle ... (EKG 199). Kirchenvorsteher und Konfirmanden sammeln die Gaben ein.
Fürbitten	Kinder des Kindergottesdienstes sprechen im Wechsel mit der Gemeindehelferin das Gebet.
Vaterunser	Gemeinde spricht das Vaterunser.
Segen	Konfirmanden singen den Kanon „Schalom“ (Beiheft 950).

Erfahrungen

Der Gottesdienst erhielt vielfältiges positives Echo, besonders auch unter den Konfirmanden. Das Offene Singen, die Mitwirkung verschiedener Gruppen und die erzählende Form der Predigt veranlaßten die jungen Menschen zu dem Urteil: „Das war Klasse, gar nicht langweilig!“

Es hat sich bestätigt, daß die offene und freie Form eines Familiengottesdienstes durchaus mit der Grundstruktur des Gottesdienstes in Übereinstimmung stehen kann.

Kritische Beurteilung

Dieser von Konfirmanden initiierte Familiengottesdienst zeigt, wie flexibel eine Gottesdienstordnung sich erweist, wenn sie phantasievoll in ein Bezugsfeld vielfältiger Gemeindeaktivitäten gerückt wird. Man liest allerdings mit einem leichten Schmunzeln, wie da kritisch-unzufriedene Konfirmanden zur liturgischen Revolution aufgefordert und dann sorgfältig auf den Kieswegen des Strukturpapiers („Rasen bitte nicht betreten!)“ geführt werden, die der Leiter des Gottesdienstes als Mitautor des Papiers ja selbst mit angelegt hat.

Hier begrüßt nicht der Pastor, sondern der Kantor die Gemeinde (es hätte ebensogut einer der Konfirmanden sein können, die das alles angestiftet haben). Der Kantor hat als Singleiter in diesem Gottesdienst fast eine stärkere Rolle als der Pastor. Eine ganze Fülle von Gemeindekreisen gestaltet den Gottesdienst: Bläsergruppe, Jungscharkinder, Konfirmanden, Lektor, Kirchenvorsteher, Kindergottesdienst-Kinder mit Gemeindehelferin. Man hat ein wenig Sorge, das Ganze könne in seiner Fülle und Vielfalt für den nicht eingeweihten Teilnehmer zu einer Art „Nummernoper“ geraten sein. Denn die Geschlossenheit ist hier naturgemäß nicht so evident wie in den anderen Beispielen. Andererseits besticht gerade dieser phantasievolle Umgang mit den „Bausteinen der Tradition“, der das Thema „nach Pfingsten“ im Gottesdienst beispielhaft zur Darstellung und Anwendung bringt.

Gottesdienst am Bußtag mit geistlichem Konzert.

Gottesdienst am Buß- und Bettag, 19. November 1975, in der Kreuzkirchengemeinde zu Lindau am Harz.

Gegebenheiten

Die Kreuzkirche zu Lindau am Harz ist eine Diasporagemeinde von 800 Gemeindegliedern und hat erst seit 1960 ein eigenes Pfarramt.

Nach der Ordnung der Gemeinde ist am Buß- und Bettag Hauptgottesdienst mit Abendmahl, wobei der erste Teil des Gottesdienstes nach der besonderen Ordnung für Karfreitag und Bußtag gehalten wird. Für den Wechselgesang zu Beginn bedarf es jedoch immer einer kurzen Einführung.

Ein in der Gemeinde wohnender Theologe steht an diesem Tage als Gesangssolist zur Verfügung.

Neben dem Predigttext (OP III: Matthäus 12 Vers 30 und 33—37) soll auf jeden Fall das Tagesevangelium (Lukas 13, 6—9) gelesen werden. Das Abendmahl wird in der Gemeinde seit einiger Zeit nach dem Vorschlag in den „Neuen Texten für den Gottesdienst“ des Arbeitskreises Gottesdienst/Sachsenhain gehalten.

Vorbereitungen

Es findet ein Gespräch zwischen dem Pastor, dem genannten Theologen und der Organistin statt. Man beschließt, das Kleine Geistliche Konzert von Heinrich Schütz dem sog. Kniegebet mit dem Kollektengebet anzufügen und so den Anrufungsteil zu erweitern. Das Kollektengebet selbst, als vertrautes liturgisches Stück, sollte aber nicht fallengelassen werden.

Beschreibung des Gottesdienstes

I. Eröffnung

Musik	Orgelvorspiel
Einführung	Begrüßung, Abkündigungen (Bekanntmachungen), Hinweise auf die besondere Liturgie.

II. Anrufung

Lied	Gmd.: Aus tiefer Not laßt uns zu Gott (EKG 118, 1—2)
Bittruf	„Kniegebet“ (Kyrie — Vaterunser — Versikelfolge) (Liturg und Gemeinde singen im Wechsel)
Gebet	Kollektengebet mit Salutatio Kleines Geistliches Konzert: „O misericordissime Jesu“ für Tenor und Orgel (Heinrich Schütz)

III. Verkündigung und Bekenntnis

Schriftlesung	Der Lektor liest das Evangelium Luk. 13, 6—9 (Abgrenzung nach den Neuen Lesungen für den Gottesdienst)
Lied	Gmd.: Wach auf, wach auf, du deutsches Land (EKG 390 Str. 1. 5—6)
Predigt	über Matthäus 12, Vers 30 und 33—35
Bekenntnis	„Offene Schuld“ (von der Kanzel)
Lied	Gmd.: Hilf, Herr meines Lebens (Beiheft 922,1—4)
Allgemeines Kirchengebet	Holländische Fürbitten- und Kanongebete Seite 170
Dankopferlied	Gmd.: O Gott, du frommer Gott (EKG 383, 1—3)

IV. Abendmahl

Lobgebet und Sanctus	Der Liturg singt im Wechsel mit der Gemeinde die Präfationsversikel, denen die Präfation folgt.
Dreimalheilig	Die Gemeinde singt das Sanctus.
Einsetzung	Der Liturg spricht die Einsetzungsworte mit Einleitung, Deutung und Antwort (siehe Neue Texte für den Gottesdienst), sowie die Erinnerung (Anamnese).
Christe, du Lamm Gottes	Die Gemeinde singt EKG 136.
Austeilung	Die Gemeinde singt dazu: Befiehl du deine Wege (EKG 294).
Dankgebet	Dankversikel und Postcommuniogebet.

V. Sendung

Benedicamus	
Segen	Der Liturg entläßt die Gemeinde mit dem Segen. Gebetsstille und ein Orgelnachspiel beschließen den Gottesdienst.

Erfahrungen

Das Geistliche Konzert wurde als Fortsetzung des Kollektengebetes verstanden und mitvollzogen. Die Abendmahlstexte in einer mehr kerygmatischen Form wurden als adäquat zu einem Bußtags-Wortgottesdienst in der praktizierten Form empfunden.

Kritische Beurteilung

Die Ordnung für den Karfreitags- und Bußtagsgottesdienst ist in der Lutherischen Agende nur vorgesehen, wenn in demselben Gottesdienst kein Abendmahl gefeiert wird. In der Ev.-luth. Landeskirche Hannovers ist diese Ordnung auch in Verbindung mit dem Abendmahlsgottesdienst zugelassen.

Die Hereinnahme von Heinrich Schützens Geistlichem Konzert „O misericordissime Jesu“ in den Anrufungsteil des Bußtagsgottesdienstes paßt insbesondere zu dem darin enthaltenen Agnus Dei ausgezeichnet. Nachdem die Abkündigungen schon im Eröffnungsteil erfolgten, tauschte das Dankopfer seinen Platz mit den Fürbitten und steht jetzt als „Offertorium“ unmittelbar vor dem Abendmahlsteil. Im Abendmahlsteil wurde zwar das Vaterunser als Dublette zur Eingangsliturgie ausgeschieden, nicht aber das Agnus Dei.

Musikalischer Abendgottesdienst zum Sonntag Kantate

Gottesdienst am Sonntag Kantate, 27. April 1975, in der Kreuzkirche zu Lindau am Harz.

Gegebenheiten

Zur Charakterisierung der Gemeinde siehe Beispiel 4. Der Kantate-Sonntag soll musikalisch besonders ausgestaltet werden. Der Kirchenchor hat seinen letzten Einsatz vor den Sommerferien. Hinzu treten Solisten und ein Kinderchor. In einem solchen Falle liegt es nahe, den Anrufungsteil besonders zu entfalten. Der Gottesdienst findet an diesem Sonntag abends statt.

Vorbereitungen

Der Gottesdienst wird vom Pastor mit der Kirchenmusikerin gemeinsam vorbereitet. Man wählt die Ordnung des Predigtgottesdienstes.

Beschreibung des Gottesdienstes

I. Eröffnung

Einführung	Begrüßung durch den Pastor. Die Kirchenmusikerin übt den nachfolgenden Kanon mit der Gemeinde.

II. Anrufung

Psalm	Chor und Gemeinde: „Lobet und preiset, ihr Völker, den Herrn“, Kanon zu 3 Stimmen.
Kollektengebet	Der Liturg betet ein kurzes, zusammenfassendes Gebet.

III. Verkündigung und Bekenntnis

Lesung	Psalm 98
Lied	Chor und Gemeinde: „Erd und Himmel sollen singen“ (Beiheft 914).
Glaubens-bekenntnis	Es wird ein neues Glaubensbekenntnis gesprochen (Werkbuch Gottesdienst S. 265).

Predigttext	„Jubilate Deo omnis terra“ Geistliches Konzert für Baß, Flöte, Violine und Basso continuo (Heinrich Schütz). Lateinischer und deutscher Text werden synoptisch auf einem Gottesdienstbegleitblatt abgedruckt und können so von der Gemeinde mitverfolgt werden.
Predigt	über Psalm 100 Lied nach der Predigt: Nun jauchzt dem Herren, alle Welt (EKG 187, 1—7).
Abkündigungen	durch den Liturgen. Zum Dankopfer singen Chor und Solisten: „Singet dem Herrn ein neues Lied“ (Beiheft 940). Im Gottesdienstbegleitblatt wird auf die vorhergegangene Lesung Psalm 98 verwiesen.

V. Sendung

Fürbitten	
Vaterunser	
Segen	gesprochen vom Liturgen. Zum Beschluß des Gottesdienstes singen Chor und Gemeinde: Wiederholung des Kanons: „Lobet und preiset, ihr Völker, den Herrn.“

Erfahrungen

Trotz deutlicher Abweichungen von der gewöhnlichen Gottesdienstordnung (Agende I) wurde dieser Gottesdienst nicht als „in neuer Gestalt“, sondern lediglich als „Ausformungsvariante“ des Sonntagsgottesdienstes von Gemeindegliedern erlebt.

Kritische Beurteilung

Der Gottesdienst zeigt, daß man in einfachen Verhältnissen einen Gottesdienst mit starker musikalischer Entfaltung mitunter besonders gut in der Ordnung des Predigtgottesdienstes gestalten kann. Damit entfällt die Notwendigkeit,

Introitus, Kyrie und Gloria besonders auszugestalten, was das Repertoire einfacher musikalischer Kräfte unter Umständen nicht jederzeit hergibt.

Störend ist die Konkurrenz zwischen den beiden Psalmen 98 und 100, zu denen noch der ähnlich gestimmte Eingangskanon hinzukommt. Nach wie vor gilt offenbar die liturgische Grundregel, daß ein Psalm keine Lesung ist. Auch wenn er gesprochen wird, ist er funktional Lobpreis bzw. Anrufung. Vorzüglich ist dagegen der Gedanke, über einen Psalm zu predigen und diesen Psalm als „Predigttext" von musikalischen Gemeindegliedern musizieren zu lassen. Es ist zu vermuten, daß daraufhin auch die Predigt „musikalischer", d. h. hymnischer Natur war.

Predigt- und Gesprächsgottesdienst in einfachsten Verhältnissen

Gottesdienst am 2. Sonntag nach Epiphanias, 17. Januar 1971, in Bremke und Ischenrode (Landkreis Göttingen).

Gegebenheiten

Im südöstlichen Göttinger Landkreis nahe der Grenze zur DDR die Parochie Bremke, bestehend aus der 850-Seelen-Kirchengemeinde Bremke und der 123-Seelen-Kapellengemeinde Ischenrode.

In den ersten Wochen eines neuen Jahres kommt erfahrungsgemäß nur eine kleine Schar zum Gottesdienst: in Bremke ca. 20, in der Ischenröder Kapelle 5—8 Besucher. In Bremke werden daher die Gottesdienste der Epiphaniaszeit im Gemeindesaal in der Form eines Predigtgottesdienstes gehalten. In der Kapelle zu Ischenrode gelang derartiges noch nicht. Wegen der besonders kleinen Zahl der Besucher wurde der Gottesdienst hier noch weiter vereinfacht.

Vorbereitungen

Die Stühle im Bremker Gemeindesaal wurden U-förmig — zum Altartisch hin offen — angeordnet. Der Platz des Pastors war — ähnlich wie im Stundengebet — in den Reihen seiner Gemeinde, am Ende einer Reihe, nahe dem Altar. Während der Predigt blieb der Pastor sitzen.

Beschreibung des Gottesdienstes

I. Eröffnung

Musik	Als Musikinstrument stand im Gemeindesaal ein Klavier zur Verfügung. Zu Beginn wurde ein kleines Klavierpräludium von J. S. Bach gespielt.
Einführung	Biblisches Votum — Wochenspruch: Joh. 1,17.

II. Anrufung

Lied	Gmd.: Herr Jesu Christ, dich zu uns wend (EKG 126, 1—4).
Kollektengebet	

III. Verkündigung und Bekenntnis

Lesung	Evangelium Joh. 2, 1—11.
Lied	Das Lied des Tages: Gottes Sohn ist kommen (EKG 2, 1—3).
Predigt	über Markus 2, 18—22 (OPT-Reihe V).
Lied	Gmd.: Auf Seele, auf und säume nicht (EKG 52, 1—4).
Bekenntnis	Als „eine Form der Antwort der Gemeinde": Gespräch zwischen Gemeinde und Pastor. Am Ende der Predigt wurden dazu 3 Fragen formuliert.

V. Sendung

Abkündigungen	als Dankopferlied: Nun laßt uns Gott, dem Herren (EKG 227).
Fürbitten	
Vaterunser	
Segen	Klaviernachspiel

Vereinfachte Fassung in Ischenrode:

I. Eröffnung

Musik	Orgelvorspiel
Einführung	Biblisches Votum

II. Anrufung

Lied	Eingangslied EKG 126, 1—4.
Kollektengebet	

III. V e r k ü n d i g u n g und B e k e n n t n i s

Lesung	Evangelium
Lied	EKG 52, 1—4 (Das Graduallied war in Ischenrode nicht genügend bekannt)
Predigt	danach Predigtlied: 227, 7—8.

V. S e n d u n g

Abkündigungen	
Fürbitten	
Vaterunser	
Segen	Orgel-Nachspiel.

Erfahrungen

Das Gespräch nach der Predigt zeigte überraschenderweise, daß es im kleinen Kreis auch auf dem Dorfe möglich ist, die Predigt aufzunehmen und zu verarbeiten und dabei zugleich ein bekenntnishaftes Moment einzubringen.

Kritische Beurteilung

Es ist zu fragen, ob es einen Sinn hat, das Evangelium von der Hochzeit zu Kana neben dem Predigttext von dem neuen Wein in alten Schläuchen zu stellen, wenn es in Predigt und Gespräch nicht eigens mit aufgenommen wird. Der Stichwortzusammenhang des Weines genügt dazu ja nicht.
Ferner ist zu fragen, ob die Predigt nicht noch stärker mit dem Gespräch verbunden werden sollte als kurzes einleitendes Statement.
Zu den Fürbitten wäre weiter zu überlegen, ob nicht bei einem so kleinen Kreis der Versuch gemacht werden könnte, im Gottesdienst selbst in Fortführung des Gespräches zusammen mit der Gemeinde die Hauptstichworte zum Fürbittengebet zusammenzustellen.
Zusammenfassend kann zu diesem Beispiel von Gottesdiensten gesagt werden: Es sind interessante Ausformungsvarianten im Sinne des Strukturpapiers „Versammelte Gemeinde". Sie zeigen, wie eine Gemeinde in dem Prinzip „feste Grundstruktur — variable Ausformung" die Freiheit gewinnt, die Vielfalt ihrer Aktivitäten in den Gottesdienst einzubringen, flexibel zu gestalten, ohne die Kontinuität ihres gottesdienstlichen Lebens zu verschleiern oder gar aufzugeben. Auch in einfachen dörflichen Verhältnissen ist es möglich, nach diesem Prinzip Gottesdienst im Bezugsfeld von Gemeindeaktivitäten zu gestalten, auch wenn diese Aktivitäten bescheidenerer Art sind. Die Beispielreihe ist daher eine Einladung, auch aus andersartigen Gemeindeverhältnissen Beispiele für den fruchtbaren Gebrauch des Strukturpapiers zu sammeln.

III ALLGEMEINE HINWEISE
zur Anwendung des Strukturpapiers

Das Strukturpapier trägt den Titel „Versammelte Gemeinde". Es geht davon aus, daß der Gottesdienst ein Versammlungsgeschehen ist, in dem das Evangelium den Glauben übt und Herzen zur Tat der dankbaren Liebe bereit macht. Das Strukturpapier versteht den Gottesdienst nicht als rituellen Vollzug, sondern als eine gemeinsame Gestaltungsaufgabe. Es erlaubt, der unterschiedlichen Gemeindesituation durch gestufte Anwendung von sinnvollen Ausformungsvarianten Rechnung zu tragen.
Das Strukturpapier trägt zur Beseitigung unfruchtbarer Polarisierungen bei. Da die Gemeinden nicht warten können, bis man sich über eine neue Definition des Gottesdienstes oder über eine neue Agende geeinigt hat, bietet es sofort ausführbare Gestaltungshilfen für eine „schmiegsame Liturgie".

1. Gottesdienst ist „vertrautes" Versammlungsgeschehen

Die vereinbarte, eingeübte, ohne „Programme" ausführbare Gottesdienstordnung der Gemeinde wird nicht abgeschafft, sondern bleibt als Maßstab für theologische und künstlerische Qualität in Geltung, zugleich als Schutz gegen inhaltliche Entleerung und Verfälschung. Das Strukturpapier setzt die eingeführte Gottesdienstordnung nicht außer Kraft, lehrt jedoch, sie als exemplarische Ordnung zu verstehen und nimmt ihr den Monopolcharakter. Die Unterscheidung zwischen Grundstruktur und Ausformungsvarianten weckt das Verständnis für den Gestaltungsspielraum, den schon die eingeführte Agende bietet (einfache, verkürzte oder festlich entfaltete Ausgestaltung). Die durch das Strukturpapier vermittelten Erkenntnisse über das Gefüge des Gottesdienstes sind ferner notwendige Grundlage für neue liturgische Gestaltungsversuche, wenn diese nicht im Dilettantismus steckenbleiben sollen (siehe Beispiel 1 und 2, Seite 49).

2. Gottesdienst ist „gastfreundliches" Versammlungsgeschehen

Eine charakteristische Eigentümlichkeit der verschiedenen Gottesdienste in neuen Formen ist das Bestreben, das Teilnehmen und Heimischwerden im Gottesdienst durch einen Akt des Begrüßens und Einführens zu erleichtern. Das Strukturpapier nimmt diese neue Sitte auf, die vor allem auch dem unregelmäßigen Kirchenbesuch Rechnung trägt. Es sieht vor, daß der Gottesdienst mit einem eröffnenden Teil beginnen kann, der verschiedenartig gestaltet ist. Musik, Chorgesang, Lied und offenes Singen, eine Einführung mit Begrüßung, Hinweisen auf den Verlauf des Gottesdienstes, Mitteilungen und Angaben eines Themas oder ein Gebetsakt, etwa eine entsprechend eingeleitete Gebetsstille, vor dem Abendmahlsgottesdienst ein Rüstgebet, können hier Platz finden. Solch eine Eröffnung wird nicht in jedem Gottesdienst angebracht sein. Es entspricht der Funktion einer Begrüßung und Einführung, wenn sie jeweils frei gestaltet wird, damit nicht ein triviales Ritual entsteht (siehe Beispiel 4, Seite 50).

3. Gottesdienst ist „tätiges" Versammlungsgeschehen

Nach der eigentlichen Wortbedeutung ist das „Liturgische" im Gottesdienst nicht das Altertümlich-Feierliche, sondern der öffentliche Dienst in der Gemeindeversammlung. Auch die liturgischen Wechselgesänge, die meist als erstes einer „Modernisierung" des Gottesdienstes zum Opfer fallen, sind eigentlich Ausdruck dafür, daß im Gottesdienst alle mündig sind und ein liturgisches Amt haben, und wer einen Dienst hat, hat auch einen Grund zum Gottesdienstbesuch. Das Strukturpapier dringt darauf, daß der Gottesdienst nicht vom Pfarrer als Alleinunterhalter oder von einem Team als Vorführung bestritten wird. Bei Begrüßung, Einführung und Abkündigungen können Kirchenälteste, bei Lesungen, Fürbitten und Abendmahlsausteilung geeignete Gemeindeglieder tätig werden. In kleineren Verhältnissen soll spontanen Beiträgen Raum gegeben werden. Das nach dem Strukturpapier grundsätzlich in den Gottesdienst einbezogene Abendmahl erinnert daran, daß Gottesdienst ein Zusammen-Kommen und Zusammen-Tun ist und nicht religiöser Konsum (siehe Beispiel 2 und 6, Seite 49 und 51).

4. Gottesdienst ist „hörergerechtes" Versammlungsgeschehen

Die entscheidenden Inhalte werden im Gottesdienst durch Sprache vermittelt, das Strukturelle hat letztlich nur dienende Funktion. Jedoch besteht bei den liturgischen Texten eine formale Analogie zur Konzeption des Strukturpapiers. Wie dieses zwischen durchgehaltener Grundstruktur und Ausformungsvarianten unterscheidet, so gibt es gemeinsame feste Texte, die der Gemeinde das Beständige und Grundgültige vermitteln und gewiß machen (Vaterunser, Segen, Gruß, Bekenntnis) und Gebetstexte des Tages, die sich mit der Sprache wandeln müssen. Das Strukturpapier rechnet mit einem offeneren Verhältnis zu den Gebetstexten der Agende, die vor allem „Exempelbuch" ist. Ihre Texte müssen immer neu hörergerecht „übertragen" werden. Daher ist der Ruf nach einer „modernen" Agende eigentlich ein Mißverständnis, denn auch neue Texte müssen bei einer Wiederholung wieder „umgesprochen" werden. Die Bedeutung agendarischer Gebetstexte liegt dann weniger in ihrer Sprachgestalt als in ihrer theologischen Substanz. Jedoch behalten sie auch in ihrer oft sperrigen Sprachgestalt ihren Rang als Meditationstexte, die dem immer wieder verkümmernden Beten des Vorbeters aufhelfen und es vor Geschwätzigkeit und subjektiver Verengung bewahren.

5. Gottesdienst ist „gemeindegerechtes“ Versammlungsgeschehen

Obwohl die geltenden Agenden verschiedene Ausformungen der Liturgie kennen, hat das Mißverständnis von Einheit als Einheitlichkeit dazu geführt, daß der „Hauptgottesdienst“ überall nach der gleichen, liturgisch reich entfalteten Form verläuft, neben der es nur einfachere „Nebengottesdienste“ gibt. Das Strukturpapier ermöglicht es nun, auf Größe, Zusammensetzung und Kräfte der Gemeinde Rücksicht zu nehmen, ohne die Gemeinsamkeit preiszugeben. Die im gemeinsamen Grundgefüge des Gottesdienstes zum Ausdruck kommende Einheit bleibt auch in der Vielfalt der Ausformungsvarianten erkennbar. Eine Aufteilung der verschiedenen Sonntagsgottesdienste auf die erreichbaren Kirchen einer Stadt oder auch eine Differenzierung nach der Reihe der Sonntage im Monat, je nach Bedürfnissen und Struktur der Gemeinde, ist unschwer möglich, wenn die Privilegierung des „Hauptgottesdienstes“ gelockert und die Möglichkeit eröffnet wird, zwischen den von der Agende angebotenen Liturgien zu wechseln.

6. Gottesdienst ist „offenes“ Versammlungsgeschehen

Aufgrund des reformatorischen Verständnisses vom umfassenden Lebensgottesdienst (vgl. Röm. 12,1) ist es müßig, darüber zu streiten, was noch Gottesdienst genannt werden könne und was nicht. Das Strukturpapier geht davon aus, daß es neben den fester geprägten, gewohnten Gottesdiensten notwendig auch solche in offenen Formen mit stärkerem „Anspiel“- und Einübungscharakter, d. h. mit nicht vorgeprägter Liturgie gibt, die nach außen oder innen besondere Akzente setzen. Dazu gehören themenbestimmte, der Problemklärung dienende Gottesdienste mit Informationsteil, Predigtgespräch oder Verabredung zu gemeinsamem Handeln; ferner Gottesdienste mit viel Singen und Musik oder solche, die der Besinnung und Stille Raum geben; schließlich Familiengottesdienste als gemeinsame Einübung in christliches Leben. Alle diese Gottesdienste bedürfen sorgfältiger Vorbereitung und können daher nicht allsonntäglich stattfinden. Das Strukturpapier bietet auch für besondere Gottesdienste ein Grundraster, das genügend Spielraum läßt und sie als „Spielformen“ des gemeinsamen Gottesdienstes ausweist. Im übrigen empfiehlt es sich, zunächst einmal nur einen Teil der Liturgie in offener Form zu gestalten (siehe Beispiel 4, 5 und 10, Seite 50, 51 und 54).

7. Gottesdienst ist „überschaubares“ Versammlungsgeschehen

Da in der herkömmlichen Liturgie eine festliche Entfaltungsform normativ gemacht ist, wird ein Gottesdienst unangemessen verlängert, wenn etwa ein Predigtgespräch vorgesehen, das Abendmahl grundsätzlich einbezogen oder ein anderer Teil ausgestaltet werden soll. Die festgelegte Liturgie würde also die Verlebendigung des Gottesdienstes an einer Stelle verhindern, wenn nicht an anderer Stelle sachgemäße Vereinfachungen möglich sind. Das Strukturpapier gibt dazu Hinweise, etwa dadurch, daß Verdoppelungen von gleichartigen Stücken unterbleiben können (mehrfache Grüße, Psalmen und Gebete in gleicher Funktion o. ä.). So kann im Anrufungsteil das Kollektengebet wieder seine eigentliche Funktion übernehmen, indem es entweder den vorausgehenden Psalm oder das Eingangslied oder die große Doxologie oder die Kyrie-Ektenie abschließt. Das Strukturpapier zeigt, daß auch in Elementarformen des Gottesdienstes, z. B. im Predigtgottesdienst, die Grundstruktur eines „vollständigen" Gottesdienstes vorliegt. Auf der anderen Seite wird die festliche Ausweitung der „großen" Liturgie mit Responsorien, Lesungen usw. dann wieder bewußter erlebbar (siehe Beispiel 3, 4, 5 und 7, Seite 50, 51 und 52).

8. Gottesdienst ist „auftragsgemäßes" Versammlungsgeschehen

Wenn der Gottesdienst kein Selbstzweck und keine Selbstdarstellung der Versammelten ist, sondern der Ort, wo das Evangelium eine Gemeinde zum Hören und Nachfolgen sammelt, dann wird auch die gewohnte Liturgie immer wieder daraufhin geprüft werden müssen, ob das Evangelium Raum hat und seinen Rang als Auslösungsgeschehen behält. Das Strukturpapier schlägt daher vor, die oft unverstandenen Stücke Sündenbekenntnis und Glaubensbekenntnis so einzuordnen, daß sie auf die vorausgehende Predigt antworten und nicht als religiöse Vorleistung mißverstanden werden. Daß das Strukturpapier das Abendmahl als integralen Teil des Gottesdienstes ansieht, ist nach den Arnoldshainer Thesen selbstverständlich: Die den Leib Christi empfangen, werden leibhafte Gemeinde und zu leibhaftem Handeln in die Welt gesandt. Das Strukturpapier bietet neben den reicheren Formen auch eine Elementarform des Abendmahlsteils, die mit dem Predigtgottesdienst zu einem Gesamtgottesdienst verbunden werden kann, damit der Zugang zum Abendmahl nicht durch eine liturgische Schwelle erschwert wird (siehe Beispiel 8 und 9, Seite 53).

IV TYPISCHE, WIEDERHOLBARE EINZELBEISPIELE
zur Anwendung des Strukturpapiers

VORÜBERLEGUNGEN

Bei der Gestaltung eines Gottesdienstes sollte folgendes bedacht werden:

1. Veränderungen der gewohnten Liturgie sollen nicht aus dem bloßen Abwechslungsbedürfnis des Pfarrers erwachsen, sondern in sachlichen Erwägungen begründet sein.
2. Durch Veränderungen soll der Gottesdienst nicht über die gewohnte Zeit hinaus verlängert werden. Die Entfaltung eines Strukturteils muß daher durch Straffung eines anderen ausgeglichen werden.
3. Vor Veränderungen soll geprüft werden, ob nicht eine der anderen eingeführten Liturgien, die meist auch im Gesangbuch abgedruckt sind, sich als Versammlungsstruktur eignet.
4. Veränderungen sollen möglichst so vorgenommen werden, daß man ohne besonders gedrucktes „Programm" auskommt. Die unmittelbare Beteiligung am liturgischen Geschehen wird erleichtert, wenn die Grundstruktur wenigstens durch *ein* liturgisches Stück in jedem Strukturteil markiert bleibt.
5. Das Konzept einer „schmiegsamen" Liturgie setzt voraus, daß die Gemeinde auf geeignete Weise mit der Grundstruktur und den Elementen ihres Gottesdienstes vertraut gemacht worden ist.
6. Beim Übergang von einer bisher stets gleichförmigen zu einer gelegentlich durch Ausformungsvarianten veränderten Liturgie soll die Gemeinde in knapper, sorgfältig vorbereiteter, freundlicher Weise auf die Änderung aufmerksam gemacht werden.
7. Veränderungen werden leichter aufgenommen, wenn sie nicht gleich die ganze Liturgie erfassen. Es ist besser, die Veränderungen zunächst nur in einem der Strukturteile vorzunehmen, also etwa im Teil „Verkündigung" oder „Anrufung" oder „Sendung".

1. Beispiel: Es soll ein Predigtgespräch oder eine Predigt mit sofort anschliessendem Gespräch stattfinden, oder es sollen aktuelle Texte bzw. Informationen mit biblischen Texten „durchschossen" werden, so daß für den *Verkündigungsteil* erheblich mehr Zeit angesetzt werden muß.

Lösung: Man wählt die Liturgie des Predigtgottesdienstes („Andere Form" o. ä.). Die *gestraffte Liturgie* sieht dann folgendermaßen aus:

I. Eröffnung	Glocken Orgelvorspiel
II. Anrufung	Lied Gruß/Antwort Gebet/Amen
III. Verkündigung	entsprechend ausgestaltet
V. Sendung	in gewohnter Ordnung

2. Beispiel: Es soll ein abendlicher Abendmahlsgottesdienst gehalten werden, bei dem alle Anwesenden kommunizieren, so daß für den *Abendmahlsteil* mehr Zeit angesetzt werden muß.

Lösung: Man wählt die Liturgie des Predigtgottesdienstes und verbindet sie mit dem Abendmahlsteil des Hauptgottesdienstes. Die *gestraffte Liturgie* sieht dann folgendermaßen aus:

I. Eröffnung	Glocken Orgelvorspiel Lied Rüstgebet
II. Anrufung	Lied

III. V e r k ü n d i g u n g — Text
Predigt
Gebet
Lied

IV. A b e n d m a h l — in gewohnter Ordnung
usw.

3. Beispiel: Der *Eingangspsalm* soll im Wechsel oder mit eingeschobenen Paraphrasen zur Vergegenwärtigung von der Gemeinde mitgebetet werden, so daß Bittruf (Kyrie) und Lobpreis (Gloria) eine Verdoppelung darstellen würden.

Lösung: Man läßt die verdoppelnden Elemente weg. Die *akzentuierte Liturgie* kann dann folgendermaßen aussehen:

I. E r ö f f n u n g	Glocken Orgelspiel Gruß/Antwort Einführung
II. A n r u f u n g	Psalmgebet im Wechsel Gloria patri Kollektengebet/Amen
III. V e r k ü n d i g u n g usw.	in gewohnter Ordnung

4. Beispiel: Der Gottesdienst soll zur Stille und *Besinnung* helfen, weshalb die doxologischen Stücke der Liturgie zugunsten betrachtender Elemente zurücktreten (vgl. Wegfall des Gloria in der Passionszeit).

Lösung: Man sorgt für ausgesparte Räume der Stille. Die *akzentuierte Liturgie* kann dann folgendermaßen aussehen:

I. E r ö f f n u n g	Glocken Orgelspiel Einführung Meditationsanstoß Gebetsstille

II. A n r u f u n g	Kyrie (-Lied) Kollektengebet/Amen
III. V e r k ü n d i g u n g usw.	entsprechend gestaltet (Bildmeditation, Meditation mit Musik o. ä.)

5. Beispiel: Im Gottesdienst soll das *Gotteslob* (Chor- und Gemeindegesang) besonders reich entfaltet werden, so daß der Gottesdienst nach gewohnter Ordnung erheblich länger dauern würde.

Lösung: Man strafft die vom Liturgen gesprochenen Stücke. Die *entfaltete Liturgie* kann dann folgendermaßen aussehen:

I. E r ö f f n u n g	Glocken Musik Chor Gruß/Antwort Einführung
II. A n r u f u n g	Großes Gloria im Wechsel Kollektengebet/Amen
III. V e r k ü n d i g u n g usw.	Motette (Chor) Text Kurze Predigt Lied im Wechsel

6. Beispiel: Der Gottesdienst soll als *Gesamtgottesdienst* die Abendmahlsfeier einschließen, so daß die gewohnte Dauer des Gottesdienstes überschritten würde.

Lösung: Man strafft im Blick auf die in der ganzen Liturgie enthaltenen Gebete und Gesänge den Abendmahlsteil (= Form C des Abendmahls, „andere Form"). Die *gestraffte Liturgie* kann dann folgendermaßen aussehen:

I. E r ö f f n u n g	Glocken Orgel Lied Rüstgebet/Amen
II. A n r u f u n g	in gewohnter Ordnung
III. V e r k ü n d i g u n g	in gewohnter Ordnung
IV. A b e n d m a h l	Loblied Einsetzungsworte Besinnung/Gebet Austeilung Abendmahlslied Dankgebet/Amen
V. S e n d u n g	in gewohnter Ordnung

7. Beispiel: Aus gegebenem Anlaß soll dem *Gebet der Gemeinde* besonders Raum gegeben werden.

Lösung: Es kann sich empfehlen, dieses Beten nicht erst am Schluß des Gottesdienstes einzufügen. Die *akzentuierte Liturgie* kann dann folgendermaßen aussehen:

I. E r ö f f n u n g	Glocken Orgelvorspiel Lied Anrede
II. A n r u f u n g	Kyrie-Ektenie, endet mit Kollektengebet/Amen
III. V e r k ü n d i g u n g	in gewohnter Ordnung oder verkürzt
IV. A b e n d m a h l	in gewohnter Ordnung

V. S e n d u n g	Vaterunser/Doxologie
	Lied Segen/Amen Orgelnachspiel

8. Beispiel: Der Gottesdienst soll zu evangelischer Sündenerkenntnis und *Buße* führen.

Lösung: Es kann sich empfehlen, von der gewohnten Ordnung (Bußgebet mit Gnadenspruch) abzuweichen, um deutlich zu machen, daß Buße aus der Verkündigung erwächst. Man wählt die Ordnung des selbständigen Beicht- bzw. Bußgottesdienstes. Die *akzentuierte Liturgie* sieht dann folgendermaßen aus:

I. E r ö f f n u n g	Glocken Orgelvorspiel Lied
II. A n r u f u n g	Buß-Psalm im Wechsel Kollektengebet/Amen
III. V e r k ü n d i g u n g	Text Predigt Bußgebet (mitgesprochen) Vergebungszusage/Amen
V. S e n d u n g	Danklied Segen/Amen Orgelnachspiel

9. Beispiel: Im Gottesdienst soll ein neugestaltetes *Glaubensbekenntnis* als Ausdruck aktuellen Bekennens gesprochen werden.

Lösung: Es empfiehlt sich, von der gewohnten Ordnung abzuweichen, um deutlich zu machen, daß das Bekennen aus der Verkündigung erwächst. Die *akzentuierte Liturgie* kann dann folgendermaßen aussehen:

I. Eröffnung	in gewohnter Ordnung
II. Anrufung	in gewohnter Ordnung
III. Verkündigung	Lesung Lied Text Predigt Orgelspiel Bekenntnis
IV. Abendmahl	in gewohnter Ordnung
V. Sendung	in gewohnter Ordnung

10. Beispiel: Im Gottesdienst sollen ausführliche Informationen als Begründung für eine besondere *Gabensammlung* eingefügt werden, was zu einer erheblichen Verlängerung des Gottesdienstes führen würde.

Lösung: Man entfaltet den Teil nach der Predigt und strafft die Strukturteile vor der Predigt. Die *akzentuierte Liturgie* kann dann folgendermaßen aussehen:

I. Eröffnung	Glocken Orgelvorspiel Lied
II. Anrufung	Psalm im Wechsel Kollektengebet/Amen
III. Verkündigung	Text Predigt Lied Informationen Bilder Lied, dabei Sammlung der Gaben
IV. Abendmahl	in gewohnter Ordnung
V. Sendung	in gewohnter Ordnung

ANHANG: SYNOPTISCHE ÜBERSICHTEN

Synopse I
(1. Teil)

Die Liturgien nach Agende I als Ausformungsvarianten
Synoptische Übersicht

Strukturpapier		*(1)* festlich mit Chor	*(2)* gewöhnlich mit Respons.	*(3)* Fasten einfach
Grundstruktur	Ausformungs- varianten	Agende I Seite 50* ff.	Agende I Seite 50* ff.	Agende I Seite 50* ff.
Eröffnung I	Glocken, Orgel Chor, *Musik* Rüstgebet *Medit. Wort* *Gebetsstille* *Begrüßung* *Einführung* *Offenes Singen* *Mitteilungen*	Orgel [Lied/Rüstgebet	Orgel	Orgel
Anrufung II	Psalm [+ Gl. patri] Psalmlied, Lied	Chor-Psalm Lied	Lied/Gl. patri	Lied
	Kyrie, Kyrielied *Kyrie-Ektenie* Gloria Glorialied	Ch/G: Kyrie Ch/G: Gloria	G: Kyrie Glorialied	G: Kyrie –
	[Gruß] Oremus *Gebetsstille* Kollektengebet/ Amen	Gruß, Oremus Kollekte/ Amen	Gruß, Oremus Kollekte/ Amen	Gruß, Oremus Kollekte/ Amen
Verkündigung u. Bekenntnis III	*Präfamen* 1. Schriftlesung [Antwortges.] Lied	Ansage Epistel [Chor] Hallel. mit Vers Lied	Ansage Epistel G: Halleluja Lied	Ansage Epistel – Lied
	Präfamen 2. Schriftlesung Credo, Credolied Bittlied	Ansage Evang. [Chor] Ch/G: Credo	Ansage Evang./Resp. Credolied	Ansage Evangelium – Lied
	[Gruß] [Textlesung] Predigt	Gruß [Gebet] Text Predigt	Gruß [Gebet] Text Predigt	Gruß Text Predigt
	Gebet, Lied *Musik, Chor* Offene Schuld Vergeb. Zusage *Credo, *Tedeum*	[Gebet], Lied	[Gebet], Lied	
	Abkündigungen Lied zum Dankopfer Fürbitten/ Amen	Abkündigungen Lied/Chor zum Dankopfer Fürbitten/ Amen	Abkündigungen Lied zum Dankopfer Fürbitten/ Amen	Abkündigungen Fürbitten/ Amen

kursiv = neu gegenüber Agende I * = wenn nicht an anderer Stelle

(4) Buß u. Bittage Karfr. o. AM	*(5)* Pred.G'dienst als Haupt-Gd.	*(6)* Pred.G'dienst neb. Haupt-Gd.	Neue Elemente	Offene Form
Agende I Seite 265 ff.	Agende I Seite 287 ff.	Agende I Seite 275 ff.		
Glocke	Orgel [Chor] Lied In nomine/Am. Bibl. Votum	Orgel, Lied Gruß/Bibl. Vot.	 *Musik* *Medit. Wort* *Gebetsstille* *Begrüßung* *Einführung* *Offenes Singen* *Mitteilungen*	*Musik* *Begrüßen* *Einführen* *Vorstellen* *Leitwort*
[Lied Kyrie Vaterunser Buß-Psalm			*Kyrie-Ektenie*	*Vorsingen* *Singen*
Oremus Kollekte/ Amen	Oremus Kollekte/ Amen	Oremus Gebet/ Amen	*Gebetsstille*	*Anliegen* *Stille* *Beten*
[Improperien] Epistel [Ch: Aufer] Lied			*Präfamen*	*Hinführung* *Bibeltexte* *Glaubenstexte* *Nachrichten*
Ansage Evangelium – Lied	Ansage Evang./Epistel [Chor] [Credo], Lied		*Präfamen*	*Anspiele* *Schaubilder* *Besinnen*
Gruß [Gebet] Text Predigt	Gruß [Gebet] Text Predigt	 Text Predigt		*Auslegen* *Mahnen* *Zusprechen*
– Offene Schuld Vergeb. Zusage –	[Gebet] Offene Schuld Vergeb. Zusage [Credo]		*Musik, Chor* *Tedeum*	*Musik* *Bekennen* *Singen*
[Abkündiggen] Lied zum Dankopfer Litanei	Lied, Abkünd. Lied/Chor zum Dankopfer Fürbitten/ Amen	Abkündigungen Lied zum Dankopfer Gebet/ Amen		*Bedenken* *Opfern* *Fürbitten*

kursiv = neu gegenüber Agende I * = wenn nicht an anderer Stelle

Strukturpapier			*(1)* mit A'Mahl Form B	*(2)* ohne AM	*(3)* mit A'Mahl Form A
Grundstruktur		Ausformungs- varianten	Ag I, 65*. 70* ff. B	Ag I, S. 79*	Ag I, 65*. 68* ff. A
IV Abendmahl	Lobpreis	Präfat. Versikel/ Respons. Präfation Sanctus *Loblied*	Präf. Versikel/ Respons. Präfation Sanctus		Präf. Versikel/ Respons. Präfation Sanctus
	Einsetzung	Euchar. Gebet Vaterunser/ Doxologie Verba Testamenti *Wort zum* *Abendmahl* Euchar. Gebet	Euchar. Gebet I Verba Testamenti [Euch. Gebet II]		– Vaterunser Doxologie Verba Testamenti
	Bereitung	*Vaterunser/ Doxologie *Präfamen* Pax/Respons. Agnus *Einladungswort*	Vaterunser/ Doxologie Pax/Respons. Agnus	←B wahlweise A→	Agnus
	Austeilung	Spendeformel Entlassungs- Votum AM Lied[er] Musik, Chor [Versikel/Resp] Postcommunio/ Amen	Spendeformel Entlassungs- Votum AM Lieder Chor Gruß, Vers./R. Postcommunio/ Amen		Spendeformel Entlassungs- Votum AM Lieder Musik Gruß-Vers./R. Postcommunio/ Amen
Sendung V		**Abkündigg.* **Lied zum* *Dankopfer* **Fürbitten/Am.*		VUnser/Doxol.	
		Benedicamus *Sendungswort* Segen/Amen Gebetsstille Lied Orgel, *Musik*	Benedic./Resp. [Tedeum Da pacen Vers, Kollekte/ Amen] Segen/Amen Gebetsstille [Lied Orgel	Benedic./Resp. Segen/Amen Gebetsstille [Lied Orgel	Benedic./Resp. Segen/Amen Gebetsstille [Lied Orgel

kursiv = neu gegenüber Agende I   * = wenn nicht an anderer Stelle

einer Grundstruktur (VELKD-Kirchen) zum Strukturpapier

Synopse I
(2. Teil)

(4) Buß u. Bittage Karfr. ohne AM	*(5)* Pred.G'dienst als Haupt-Gd.	*(6)* Pred.G'dienst neb. Haupt-Gd.	Neue Elemente	Offene Form
Agende I Seite 265 ff.	Agende I Seite 287 ff.	Agende I Seite 275 ff.	C	
	auch mit AMahl ← Form C		*Loblied* *Verba Testamenti* *Wort zum Abendmahl* *AM-Gebet* *Vaterunser/ Doxologie* *Einladgswort* *Spendeformel* *Entlassungs-Votum* *AM-Lied[er]* *Dankgebet/ Amen*	*Singen* *Gedenken* *Preisen* *Vergeben* *Grüßen* *Empfangen* *Loben* *Danken*
	VUnser/Doxol.	VUnser/Doxol.	*Abkündiggen* *Lied zum Dankopfer* *Fürbitten/Am.*	*Bedenken* *Opfern* *Fürbitten*
Vers. Kollekte/ Amen Segen/Amen	[Tedeum Da pacem Vers.Kollekte/ Amen] Segen/Amen Gebetsstille [Lied Orgel	Segen/Amen Gebetsstille [Lied Orgel	*Sendungswort*	*Senden* *Segnen*

kursiv = neu gegenüber Agende I   * = wenn nicht an anderer Stelle

Synopse II
(1. Teil)

Die Liturgien nach Agende I als Ausformungsvarianten
Synoptische Übersicht

Strukturpapier		*(1)* Gottesdienst mit Pred. u. AM	*(2)* Gottesdienst mit Pred. u. AM	*(3)* Gottesdienst mit Pred. u. AM
Grundstruktur	Ausformungs- varianten	EKU- -KW Pf-Bd- -W	-O-	EKU-H-KW Pf-Bd-
Eröffnung I	Glocken, Orgel Chor, *Musik* Rüstgebet *Medit. Wort* *Gebetsstille* *Begrüßung* *Einführung* *Offenes Singen* *Mitteilungen*	Orgel, Lied Rüstgebet	Orgel Rüstgebet	Orgel, Lied [In nom./Am.]
Anrufung II	Psalm [+ Gl. patri] Psalmlied, Lied	[Psalm + Gl. patri]	Lied [Psalm/Gl. p.]	Psalm + Gl. patri Sünd.Bek.
	Kyrie,Kyrielied *Kyrie-Ektenie* Gloria, Gl. Lied	Ch/G: Kyrie Ch/G: Gloria	Ch/G: Kyrie Ch/G: Gloria	Ch/G: Kyrie GnadenSpr. Ch/G: Gloria
	[Gruß] Oremus *Gebetsstille* Kollektengebet/ Amen	[Gruß] Oremus Kollekte/ Amen	[Gruß] Oremus Kollekte/ Amen	Gruß, Oremus Kollekte/ Amen
Verkündigung u. Bekenntnis III	*Präfamen* 1. Schriftlesung [Antwortges.] Lied	Ansage Epistel [Ch:] Hall. + V. Lied	Ansage Epistel Halleluja Lied	Ansage Epistel Halleluja Lied
	Präfamen 2. Schriftlesung Credo Credolied Bittlied	Ansage Evangelium Ch/G: Credo Lied	Ansage Evangelium Lied	Ansage Evangelium Credo, Cr.Lied Lied
	[Gruß] [Textlesung] Predigt	Gruß Textlesung Predigt	Gruß Textlesung Predigt, Lied	Gruß Textlesung Predigt
	Gebet, Lied *Musik, Chor* Offene Schuld Vergebungs- Zusage *Credo *Tedeum*	[Gebet] [Lied]	Abkündigungen Lied Präfamen Pax/Resp. Amen Fürbitten	[Gebet] [Lied]
	Abkündigungen Lied zum Dankopfer Fürbitten/ Amen	Abkündigungen Lied zum Dankopfer Fürbitten/ Amen	Lied zum Dankopfer Credo, Cr.Lied	Abkündigungen Lied zum Dankopfer Fürbitten/ Amen

kursiv = neu gegenüber Agende I * = wenn nicht an anderer Stelle

einer Grundstruktur (EKD-Kirchen außer VELKD) zum Strukturpapier

Synopse II (1. Teil)

(4) Bußtage ohne AM	*(5)* Pred.G'dienst als Haupt-Gd.	*(6)* Pred.G'dienst neb. Haupt-Gd.	Offene Form	Quellen
-KW	EKU-H- Pf- -O-W	EKU- -KW Pf-Bd-		
Orgel, Lied	Orgel, Lied In nomine/Am. Bibl. Votum	Orgel, Lied Gruß, [Bibl. Vot.]	*Musik* *Begrüßen* *Einführen* *Vorstellen* *Leitwort*	EKU Ag I 1959 S. 121. 132. 139 H: Hessen 1955 Form I. II KW: Kurhessen Ag I 1968 S. 22. 11. 17. 31
Psalm + Gl. patri			*Vorsingen* *Singen*	Pf: Pfalz Ag I 1961 S. 129. 134. 16 Bd: Baden Ag I 1965 S. 437. 405. 450
[Gruß] Oremus Kollekte/ Amen	Oremus Kollekte/ Amen	Oremus Kollekte/ Amen	*Anliegen* *Stille* *Beten*	O: Oldenburg 1962 Form I. II
Ansage Epistel Halleluja [Lied Ansage Evangelium] Lied	[Lied] Ansage Schriftlesung [Credo Lied		*Hinführung* *Bibeltexte* *Glaubenstexte* *Nachrichten* *Anspiele* *Schaubilder* *Besinnen*	W: Württembg. AM-Ag 1972 S. 11. 5
Gruß Textlesung Predigt	Gruß Textlesung Predigt	Textlesung Predigt	*Auslegen* *Mahnen* *Zusprechen*	
[Gebet] [Lied] Offene Schuld Vergebungs- Zusage Credo, Cr.Lied	[Gebet] [Lied] *[Credo]	[Gebet]	*Musik* *Bekennen* *Singen*	
  Fürbitten/ Amen	[Abkündiggen] Lied Fürbitten/ Amen	[Abkündiggen] Lied Fürbitten/ Amen	*Bedenken* *Opfern* *Fürbitten*	

kursiv = neu gegenüber Agende I   * = wenn nicht an anderer Stelle

Strukturpapier			(1) mit A'Mahl Form B	(2) Abschluß ohne A'Mahl	(3) mit A'Mahl Form A
Grundstruktur		Ausformungs- varianten	EKU- -KW Pf-Bd-O-W	EKU- -KW Pf-Bd-O-	-H-
Abendmahl IV	Lobpreis	Präf. Versikel/ Respons. Präfation Sanctus _Loblied_	[Präf. Versikel/ Respons. Präfation Sanctus		[Präf. Versikel/ Respons. Präfation Sanctus]
	Einsetzung	Euchar. Gebet Vaterunser/ Doxologie Verba Testamenti _Wort zum_ _Abendmahl_ Euchar. Gebet	[Euch. Gebet – – Verba Testamenti [Euch. Gebet		Vaterunser/ Doxologie Verba Testamenti
	Bereitung	*Vaterunser/ Doxologie _Präfamen_ Pax/Respons. Agnus _Einladungswort_	Vaterunser/ Doxologie [Präfamen* [Pax/Resp.* Agnus Einladgswort	←B A→	– Agnus Einladgswort
	Austeilung	Spendeformel Entlassungs- Votum AM Lied[er] Musik, Chor [Versikel/ Respons.] Postcommunio/ Amen	Spendeformel Entlassungs- Votum AM Lieder Chor [Versikel/ Respons.] Postcommunio/ Amen		Spendeformel Entlassungs- Votum AM Lieder Versikel/ Respons. Postcommunio/ Amen
Sendung V		*_Abkündi-_ _gungen_ *_Lied zum_ _Dankopfer_ *_Fürbitten/Am._		VUnser/Dox.	s. u. *Fürbitten/Am.
		Benedicamus _Sendungswort_ Segen/Amen Gebetsstille Lied Orgel	[Bened./Resp.] [Lied] [Sendgswort] Segen/Amen Orgel	[Bened./Resp.] [Lied] *Abkündiggen [Sendgswort, Lied] Segen/Amen Orgel	 *Abkündiggen Segen/Amen Orgel

kursiv = neu gegenüber Agende I   * = wenn nicht an anderer Stelle

einer Grundstruktur (EKD-Kirchen außer VELKD)
zum Strukturpapier

Synopse II
(2. Teil)

(4) Bußtage ohne A'Mahl	*(5)* AM, And. Form, Form C	*(6)* mit A'Mahl mit Beichte	Offene Form	Quellen
-KW	EKU- Pf-	-W		
		Beichte		EKU Ag I 1959 S. 124. 134
	Lied	Beichtfragen Absolution	*Singen*	H: Hessen 1959 Form I. II
		AM-Gebet [Vaterunser]		KW: Kurhessen Ag I 1968 S. 27
	Verba Testamenti	Verba Testamenti	*Gedenken*	
	[Wort zum Abendmahl AM Gebet		*Preisen*	Pf: Pfalz Ag I 1961 S. 132. 136. 106
C→	Vaterunser/ Doxologie	–	*Vergeben*	Bd: Baden Ag I 1965 S. 418. 444. 456
			Grüßen	
	[Lied Einladgswort	Einladgswort		O: Oldenburg 1962 Form II
	Spendeformel	Spendeformel	*Empfangen*	W: Württembg. AM-Ag 1972 S. 11. 5
	AM Lieder	AM Lieder	*Loben*	
	Postcommunio/ Amen	Postcommunio/ Amen	*Danken*	
			Bedenken	
			Opfern	
		*Fürbitten/Am. *VUnser/Dox.	*Fürbitten*	
VUnser/Dox.				
Lied	Lied			
			Senden	
Segen/Amen	Segen/Amen	Segen/Amen	*Segnen*	
Orgel	Orgel	Orgel		

kursiv = neu gegenüber Agende I   * = wenn nicht an anderer Stelle

Die Liturgien nach Agende I (EKD-Kirchen außer VELKD) als Ausformungsvarianten einer Grundstruktur

Quellen-Nachweis für die in Synopse II angeführten Liturgien

1. Teil (S. 58 f.)

Spalte 1:	EKU	EKU-Ag I (1959), 121-123	Form I B
	KW	Kurh.-Waldeck Ag I (1968), 22-26	Form III
	Pf	Pfalz Ag I (1961), 129-133	Form VI
	Bd	Baden Ag I (1965), 450. 440-443	Form VII
	W	Württemberg AM-Ag (1972), 11-15	Meß-Form
Spalte 2:	O	Oldenburg (1962)	Form II
Spalte 3:	EKU	EKU-Ag I (1959), 121-123	Form I A
	H	Hessen (1955)	Form II
	KW	Kurh.-Waldeck Ag I (1968), 11-15	Form I
	Pf	Pfalz Ag I (1961), 134-135	Form VI a
	Bd	Baden Ag I (1965), 437-443. 391-397	Form VII. I
Spalte 4:	KW	Kurh.-Waldeck Ag I (1968), 17-21	Form II
Spalte 5:	EKU	EKU-Ag I (1959), 132-133	Andere Form
	H	Hessen (1955)	Form I
	Pf	Pfalz Ag I (1961), 14-15	Form I
	O	Oldenburg (1962)	Form I
	W	Württemberg AM-Ag (1972), 5-6	Oberdt. Form
Spalte 6:	EKU	EKU-Ag I (1959), 139	Einfache Form
	KW	Kurh.-Waldeck Ag I (1968), 31-32	Form IV
	Pf	Pfalz Ag I (1961), 16	Form II
	Bd	Baden Ag I (1965), 405-408	Form III

2. Teil (S. 60 f.)

Spalte 1:	EKU	EKU-Ag I (1959), 124-130	Form I
	KW	Kurh.-Waldeck Ag I (1968), 27-30	Form III
	Pf	Pfalz Ag I (1961), 132-135. 107-108	Form VI. VI a. V
	Bd	Baden Ag I (1965), 418-426. 444-449. 456-462	Form V. VII. VIII
	O	Oldenburg (1962)	Form II
	W	Württemberg AM-Ag (1972),	Meß-Form
Spalte 3:	H	Hessen (1955)	Form I. II
Spalte 5:	EKU	EKU-Ag I (1959), 134-138	Andere Form
	Pf	Pfalz Ag I (1961), 137. 102	Form VII. IV
Spalte 6:	W	Württemberg AM-Ag (1972), 7-10	Oberdt. Form

Entwürfe zur Strukturierung des Gottesdienstes (Messe)

Strukturpapier LLK 1973		B Luth. Agende I 1955	C Kath. Dt. Gem.-Messe 1969	D Reform. Zürcher KB. 1969	E Anglikan. Reform-Entw. 1968	F Berneuchen Dt. Messe 1937	G Kath. Schott Meß-Buch	H Bähr Baden Entw. 1855	J Trautwein Lernproz. Gd. 1971
I Eröffnung	Musik Rüstgebet Stille Einführung	I Rüstteil	I Eröffnung Ritus initiales	I Sammlung	I Einleitung	I Vorbereitung	I Vorbereitungsgebet	I Eingang	I Kontakt-Aufnahme
II Anrufung	Psalm/Lied Kyrie Gloria Kollekte	II Einggsteil		II Anbetung		Wortgottesdienst: II Eingang	Vormesse: II Gebetsgottesd.		II Standortbestimmung
III Verkündigung und Bekenntnis	1. Lesung Lied 2. Lesung Credo Predigt Lied/Gebet [Bekenntn.] Abkündigg. Fürbitten	III Wortteil	II Wort-Gottesdienst Liturgia verbi	III Predigt IV Fürbitte	II Wort-Gottesdienst III Kirchengebet	III Verkündigung des Wortes	III Lehrgottesd.	II Feier des Wortes	III Zielorientierung
			III Euchar. Feier Liturgia eucharistica		IV Vorbereitung	Herrenmahl: IV Opfergang	Opfermesse: IV Opferung		IV Gemeinschaft
IV Abendmahl	Präfation Sanctus Verba Test. Euch. Gebet VUnser Pax Agnus Austeilung Dankgebet	IV Abendmahlsteil		V Abendmahl	V Danksagung VI Brotbrechen VII Austeilung	V Hochgebet VI Mahl VII Dank	V Wandlung VI Mahl	III Feier des Sakramentes	
V Sendung	[Fürbitten] Sendungs-Wort Segen Musik	V Schlußteil	IV Schluß Ritus conclusionis	VI Sendung			VII Entlassung		V Aufbruch

Entwürfe zur Strukturierung des Gottesdienstes (Messe)

Bemerkungen zu Synopse III

Der Übersicht über die Gliederung der entfalteten Liturgie aus abendländischer Tradition (Messe) liegen folgende Ordnungen der verschiedenen Konfessions-Kirchen zugrunde:

B *(luth.):* Agende für ev.-luth. Kirchen und Gemeinden, Band I (kleine Ausgabe), Berlin 1955, Seite 43*–48*.

C *(kath., neu):* Missale Romanum, Ordo Missae, Rom 1969, Seite 15–28.

D *(reform.):* Zürcher Kirchenbuch, Kommentar 1. Teil, Zürich 1969, Seite 63.

E *(anglik.):* Modern Liturgical Texts, London 1968, Seite 43–53.

F *(ev., lit. Bewegung):* Die Ordnung der Deutschen Messe, Kassel [2]1937, Seite 7–38.

G *(kath., alt):* A. Schott, Das Meßbuch der Heiligen Kirche mit liturgischen Erklärungen, Freiburg [1]1884; [48]1941, Seite 16*–19*.

H *(ev. uniert, 19. Jh.):* [K. Chr. W. F. Bähr], Begründung einer Gottesdienstordnung . . . Baden, Karlsruhe 1855, Seite 193–199.

J *(ev., moderne Reform):* D. Trautwein, Lernprozeß Gottesdienst, Stuttgart 1971, Seite 255–257.

Auch wenn im einzelnen unterschiedliche Akzente gesetzt werden, so ergibt sich doch eine bemerkenswerte und in der Gegenwart zunehmende ökumenische Konvergenz und Kongruenz der liturgischen Grundstruktur.

Dabei bleibt die elementare zweiteilige Grundstruktur aus der Frühzeit der Kirche erkennbar, deren Elemente schon Apg. 2, 42 genannt sind: Apostellehre (Verkündigung), Gemeinschaft (Bruderhilfe), Brotbrechen (Mahlfeier), Gebet (Lob und Bitte). Nach Justius Apologie I, 67 (um 165 n. Chr.) besteht die gottesdienstliche Versammlung aus Wortgottesdienst (Lesung – Predigt – Fürbitten – Friedenskuß) und Eucharistie (Bereitstellung der Elemente – Euchar. Gebet mit Amen – Austeilung – Austragen zu den Kranken). Dieses sog. *„Justin'sche Schema"* hat sich in allen christlichen Liturgien bis heute durchgehalten.

Der Anglikaner G. Dix[1] hat demgemäß zwischen „Synaxis" und „Eucharistie" unterschieden und die Binnenstruktur des Abendmahlsteils aus dem Text der Einsetzungsworte abgeleitet:

I Offertorium	(1 nahm das Brot	5 nahm den Kelch)
II Euchar. Gebet	(2 dankte	6 dankte)
III Brotbrechen	(3 brachs	–)
IV Kommunion	(4 gabs	7 gab)

Dieses *„four-action-Schema"* hat bis in die Gegenwart die Gestaltung des Abendmahlsteils in den englischsprachigen Liturgien beeinflußt (vgl. Synopse III, Spalte E, IV. V. VI. VII).

[1] The Shape of the Liturgy, London 1945 (viele Auflagen).

reihe gottesdienst

Weitere Hefte der Schriftenreihe

Heft 6
Eugene L. Brand

Kirche als Familie

Eine neue Konzeption für Taufe und Amtshandlungen in den amerikanischen Kirchen. Zum erstenmal in Deutschland und aus erster Hand unterrichtet »Kirche als Familie« über die außerdeutsche evangelische Reform der Taufe und der kirchlichen Amtshandlungen in den USA und in Kanada.

46 Seiten, Br., 6,80 DM. Best.-Nr. 33 206-9

Heft 7

Einweihungshandlungen

(Agende IV, Teil 3)

Im Auftrage der Kirchenleitung der VELKD veröffentlichten Albert Mauder und Walter Lührs Modelle für Grundsteinlegung, Kirchweihe und die Einweihung von Altar, Kanzel, Taufstein, Orgel, Glocken, kirchlichen Gebäuden oder Friedhöfen. »Einweihungshandlungen« enthält die Entwürfe für eine Revision von Teil 3 der Agende IV.

64 Seiten, Br., 9,40 DM. Best.-Nr. 33 207-0

Heft 11

Perikopen
Gestalt und Wandel des gottesdienstlichen Bibelgebrauchs

Rechtzeitig zum Beginn des neuen Predigtturnus am 1. Advent 1978 wird die neue Predigttextordnung mit Bibelstellenregister vorgelegt. Im Rahmen einer ausführlichen Begründung der Perikopen-Revision der Lutherischen Liturgischen Konferenz gibt Herwarth von Schade eine zusammenfassende Darstellung der Perikopengeschichte.

128 Seiten, Br., 19,80 DM. Best.Nr. 33 211-2

Heft 8/9 (Doppelheft)

Gebete

Als Beitrag zur Revision von Agende I durch die Lutherische Liturgische Konferenz werden hier vorgelegt: Die Neufassung der Kollekten- und Fürbittengebete von Agende I, dazu eine stark vermehrte Auswahl weiterer Kollekten- und Fürbittengebete sowie neue Texte und Gebete zum Abendmahl.

Heft 12
Otto Dietz

Fürbittengebete für den Gottesdienst der Gemeinde

Mit seinen neuen Entwürfen für gegenwartsbezogene Ektenien (= dialogische Fürbitten) gibt Otto Dietz hilfreiche Anregungen zur Gestaltung des Allgemeinen Fürbittengebets.